남몰래 읽은 책을
유튜브에 올렸더니

남몰래 읽은 책을
유튜브에 올렸더니

200만 구독자가 사랑한
그들의 따스한 감성

발행일 2023년 12월 11일 1판 1쇄 발행
지은이 김현정
펴낸이 조우석
펴낸곳 나비스쿨
편집장 김현정
디자인 studio J
인쇄 예원프린팅

등록 No.2020-00008
주소 서울특별시 성북구 돌곶이로 40길 46
이메일 navischool21@naver.com

ISBN 979-11-984403-3-4 (03190)

남몰래 읽은 책을
유튜브에 올렸더니

200만 구독자가 사랑한
그들의 따스한 감성

글
김현정

나비
스쿨

차례

책을 닮은 당신에게

이 그림을 스마트폰 카메라로 비춰 보세요.
화면을 터치하면 책 읽는 자작나무 님의 목소리를 들어볼 수 있어요.

한 발짝 다가감

책 읽는 자작나무

자전거를 타고 바닷가 도로를 달리는 것이
평소 취미라는 말에 금세 고개가 끄덕여졌다.
그가 내보인 맑은 웃음은
그런 건강한 삶에서 비롯된 것임에 틀림없었다.

일곱 시간 가까운 인터뷰를 마친 뒤 파도가 밀려오는 바닷가에 섰다. 등 뒤에서 나지막한 소리가 들려왔다. 돌아보면 멈출 것 같아 가만히 앞을 보았다. 연한 회색빛 바다, 철썩이며 부서지는 물거품, 그 사이로 끊어질 듯 이어지는 낮은 휘파람 소리. 아름다운 풍경이었다.

수평선과 어우러진 휘파람을 선물해 준 자작나무 님은 앞으로도 사람들 앞에 자신을 내보이지 않겠다고 했다. 누군가의 상상 속 모습 그대로, 모두의 아저씨로 남겠다는 이유에서였다. 그렇다면 오늘 나는 그와 직접 마주하는 흔치 않은 기회를 누린 셈이다.

그는 날렵한 콧대에 지적인 얼굴을 지녔다. 태양빛에 보기 좋게 그을린 피부가 선명한 인상에 활기를 더하고, 잠깐의 대화에도 쉽게 웃는 입매는 언제든 부드러운 곡선을 그릴 준비가 되어 있다. 자전거를 타고 바닷가 도로를 달리는 것이 평소 취미라는 말에 금세 고개가 끄덕여졌다. 그가 내보인 맑은 웃음은 그런 건강한 삶에서 비롯된 것임에 틀림없었다.

본인은 스스로를 '아저씨'라 부르지만, 막상 만나고 보니 나이를 쉽게 가늠하기 힘들었다. 다채로운 표정이 몸에 밴 탓이었다. 기쁠 땐 크게 웃고, 슬픈 땐 눈물짓는, 꾸미지 않은 친근함이 그를 감싸고 있었다. 마음을 쉽게 내어주지 않지만, 소중한 이들에게 다가서는 한 걸음에는 아무런 주저함이 없어 보였다. 오랜 세월 함께해 온 절친한 형님에게도, 자주 만나지 못해 더 애틋한 이에게도 그러했다. 그가 남기는 다감한 댓글은 그런 성격의 연장선인 듯 했다.

낮에 처음 만났을 때 비바람 아래 놓인 거센 파도로 창밖이 온통 요동쳤다. 하지만 갈색 테이블이 놓인 카페 2층은 한적하고 안온했다. 자작나무 님의 시원한 웃음이 그곳의 공기를 훈훈하게 바꾸어 놓았다. 오후가 되어갈 무렵에는 파란 하늘이 얼굴을 내밀었다. 운이 좋은 날이었다. 경포 해변의 참모습을 몇 시간 사이로 다섯 가지나 보았다. 인터뷰를 마칠 즈음 그가 건넨 말이 아직도 귓가에 맴돈다.

"이 일을 계속할지 확신이 없었어요. 그런데 저와 한 살 차이인 누나가 그러더라고요. 나는 상담을 하며 하루에 두 사람을 위로하지만, 너는 영상을 통해 수천 명의 사람에게 다가서지 않느냐고요. 그때 이 일의 의미를 엿보았어요."

그 선명한 사실을 그가 깨달아주어 고마웠다. 맞다. 그는 아름다운 사람이었다.

드디어 이렇게 만나 뵙게 되었습니다. 영상을 통해 목소리를 자주 들어 이미 인사를 나눈 느낌이에요. 지금 기분은 어떠한가요?

사실 어제 잠을 잘 못 잤어요. 오늘 인터뷰가 걱정이 되어서요. 전 원래 즉석에서 말을 잘 못해요. 영상 속 말들도 녹음하기 전 몇 시간을 고민해서 내놓는 거예요. 꼭 부탁드리고 싶은 말씀이 있어요. 제가 하는 이야기가 재미가 없으면 사정없이 이 책에서 저를 빼주세요. 전 괜찮아요, 하하.

그 점은 염려하지 않으셔도 될 듯합니다. 분위기만으로 이미 많은 이야기를 하고 계시는데요. 세상에 존재하는 것들은 서로를 끌어당긴다고 하지요. 자작나무 님이 고른 책들을 보면 맑은 마음이 드러나는 것이 많습니다. 낭독할 책은 어떻게 고르시나요? 길게 고민하는지, 아니면 짧게 집어내는지, 여부가 궁금합니다.

오래 생각하고 고르는 편이에요. 저는 술술 읽히는 책이 좋아요. 다른 이들이 좋다고 해도 제 마음에 남지 않으면 다시 펼칠 마음이 들지 않아요. 영상을 올리며 깨달은 건, 제 느낌을 듣는 이들도 알아차린단 사실이에요. 깊게 감동한 책은 굳이 설명하지 않아도 마음이 새어 나오나 봐요. 하루하루 그런 책을 찾으려 애쓰는 중이에요.

생각할 거리를 건네는 말씀이네요. 자작나무 님의 어린 시절은 어떠했나요? 제법 장난꾸러기였을 것 같은데요.

하하, 아니에요. 무척 조용한 편이었어요. 어릴 때도 그랬고, 학창 시절에도 마찬가지였어요. 눈에 띄지 않는 학생이었죠. 저는 사이에 끼인 전형적인 둘째예요. 누나는 학교에서 유명한 모범생이고, 남동생은 천사처럼 사랑스러운 아이였어요. 저는 자연스레 평범해졌고, 그런 상황이 싫진 않았지만 그래도 누나와 동생이 가끔 부러웠어요. 가족이란 테두리 안에 있어도 존재감은 서로 다른 법이니까요.

조용했다고는 하지만 이렇게 만나 이야기를 나눠 보니 숨길 수 없는 밝음이 엿보입니다. 그 유쾌함의 근원은 어느 곳에서 찾을 수 있을까요? 부모님 두 분 중에 어느 분을 더 닮았나요?

어머니가 명랑하세요. 긍정적이고 활기로 가득 차 있지요. 아버지는 감수성이 예민하고, 무척 섬세하세요. 두 분 가운데 누구를 더 닮았냐고 하면, 아마 아버지일 거예요. 어릴 땐 잘 몰랐는데, 커가면서 알겠더라고요. 어머니가 가끔 농담 삼아 말씀하세요. 걷는 모습까지 아버지와 판박이라고요. 제가 작은 걱정도 내려놓지 못하는 건 아버지를 닮은 꼼꼼한 성격 탓이 큰 것 같아요.

그러고 보니 영상 속에서 엿보인 세심함이 아버지에게 물려받은 것이었군요. 이곳 강릉에서 오래 지내셨나요? 학창시절 이야기를 살짝 들려주세요.

태어나서 어린 시절을 보낸 건 서울이라는 이야기를 들었어요. 워낙 예전일이라 기억은 없지만요. 강릉에 정착한 건 고등학교 2학년 무렵이에요. 그 전까진 이사를 많이 다녀서 전학도 자주 했어요. 어릴 땐 부모님을 말없이 따랐는데, 고등학생이 되어서까지 학교를 옮겨야 한다니까 많이 속상했어요. 어머니를 붙들고 하소연을 해 봤지만 어쩔 수 없다는 대답만 돌아왔어요.

그렇게 강릉에 왔는데, 전학 온 첫날 아이들이 주위로 몰려왔어요. 제 억양이 이상하다고 놀리더라고요. 저는 그 애들 말투가 영 낯설던데, 하하. 어쨌거나 그렇게 정착한 뒤에는 다시 옮길 일이 생기지 않아 여태껏 살고 있어요. 이제는 강릉이 완전한 제 고향이에요.

마음이 머물 곳을 찾게 되어 다행이란 생각이 듭니다. 얼마 전에 다시 올려 두신 첫 녹음 파일, '모든 요일의 기록' 잘 들었습니다. 설렘과 씩씩함이 스며 있어 듣는 내내 미소를 지었습니다. 당시 북튜버를 해 보겠다고 어떻게 용기를 내셨나요?

한동안 제 마음이 편치 않은 시기가 있었어요. 생각을 정리하려고 유럽으로 훌쩍 떠났는데, 낮에는 온종일 쏘다니면 되지만 밤이 문제였어요. 걱정이 많으니까 영 잠이 오질 않더라고요. 유튜브를 뒤적이며 여기저기 눌러보다가, 책 이야기를 하는 분들을 우연히 발견했어요. 그런 영상을 보고 있노라면 어쩐지 마음이 편하더라고요. 그래서 밤마다 듣다가 한국에 돌아왔을 때 공항 문을 나서며 생각했어요.

'그래, 나도 이런 일을 한번 해 보자.'

일단 그렇게 마음먹고 나니 용기가 생기더라고요. 부끄러웠지만 눈 딱 감고 처음 녹음한 파일을 올렸어요. 그리고 반년 동안 꾸준히 영상을 업로드했는데, 구독자가 참 안 늘었어요. 400명이 제 채널을 찾아주신 게 전부였어요. 그렇게라도 병아리 북튜버인 제 목소리를 들어주신 게 지금도 너무 고마운데, 문제는 사랑하는 사람에게 유튜브 채널을 개설했단 말을 너무 빨리 해 버린 것이었어요.

구독자 한 명이 늘어날 때마다 그 사람이 기뻐하며 연락을 주는데, 몇 달이 지나도록 눈에 띄는 진전이 없으니 너무 면목이 없더라고요. 그래도 제가 조급해할 때마다 그 사람이 가만히 토닥여 줬어요. 지금 생각해 보면 덕분에 힘을 낼 수 있었던 것 같아요.

자작나무 님이 쌓아온 시간 속에 그런 이야기가 숨어 있었네요. 영상을 듣다 보면 귓전에 스며드는 음성이 인상적입니다. 자신의 목소리에 대해 그동안 어떤 느낌을 갖고 계셨나요? 혹시 목소리와 이어진 에피소드가 있을까요?

목소리 이야기는 아직도 쑥스러워요. 제가 아버지와 목소리가 많이 비슷해요. 어린 시절부터 아버지 음성에 익숙해 있던 터라 이 일을 시작하기 전까지 별다른 생각이 없었어요. 말로 하는 직업에 종사하고 싶다고 어렴풋이 생각해 보긴 했어요. 그래서 대학에 다닐 때 교내 방송국에 지원해서 새내기 아나운서로 몇 달간 지냈어요. 그런데 선배들 텃세가 생각보다 심해서 일 년을 못 채우고 방송국을 나왔어요.

따로 에피소드는 없지만, 잠시 디제이로 일한 적은 있어요. 당시 카페에서 음악을 트는 게 한창 유행이었거든요. 월급은 쥐꼬리 같았지만, 사람들이 건네는 사연을 읽고 마이크를 통해 말하는 게 재미있어서 한동안 그 일을 엄청 열심히 했어요, 하하.

디제이 박스 안에서 어떤 멘트를 날렸을지 내심 궁금해지네요. 자작나무 님이 정성스럽게 남긴 댓글을 보면 구독자인 나무님들과 정겨운 대화를 나누는 느낌이 듭니다. 누군가를 기억하는 일에 어떤 의미를 두시나요?

저는 많이 되새겨도 금세 잊는 일이 많아요. 책 제목도, 작가 이름도, 읽었던 내용도 이미지는 머리에 남아 있는데 세세한 부분까지는 쉽게 기억이 나질 않더라고요. 제가 영상에 달린 글을 하나하나 읽으면서 조심스레 댓글을 다는 건 그분들을 기억하기 위한 목적이 커요. 제가 가끔 이런 이야기를 할 때가 있어요.

"여러분, 지금 뭘 하면서 제 이야기를 듣고 계신지 궁금해요. 영상 아래에 남겨 주세요. 제가 읽어 볼게요."

그렇게 남겨 주신 글을 읽으며 함께하는 느낌을 갖는 게 저는 참 좋아요. 그런데 매번 글을 올려 주셔도 제가 착각을 해서 그분께 엉뚱한 댓글을 드릴 때가 있어요. 그래도 너무 다행인 건 제가 깜빡깜빡한다는 걸 다들 알고 계신다는 점이에요. 그런 구멍까지도 넉넉하게 이해를 해 주시더라고요. 덕분에 평온하게 지내고 있어요.

기억을 기쁨으로 만드는 노력을 하고 계시네요. 자작나무 님에겐 여름이 한창 바쁜 계절이란 말씀을 들었습니다. 올 여름은 어떻게 보내셨나요?

사실 제가 바다가 내려다보이는 언덕 위에서 카페를 운영해요. 스물다섯 무렵에 잠시 서울에서 머물던 적이 있어요. 스튜디오에서 일을 했는데, 주로 웨딩 사진을 찍었어요. 사물놀이를 하는 동아리 활동도 틈틈이 했고요. 그러다가 친한 형님이 생겼는데, 제가 서울 생활을 정리하고 강릉에 왔을 때 어느 날 전화·통화에서 그러는 거예요.

"직장 생활이 지긋지긋한데, 너 쫓아서 강릉에나 가 볼까?"

그래서 제가 농담 반 진담 반으로 그럴 거면 여기 와서 카페나 하나 차리라고 했더니 대뜸 그러더라고요. 자기가 아는 게 하나도 없으니 적당한 자리를 좀 알아보라고요. 그렇게 시작된 일이었어요. 제가 그 형님과 카페를 열게 된 게요. 처음에 시작할 땐 그게 십 년 넘게 이어질 줄 정말 몰랐어요. 장소를 찾고, 건물을 짓고, 집기 하나하나까지 모두 직접 고른 터라 지금도 그 카페 전체가 꼭 자식 같아요. 여름은 강릉에 사람들이 몰릴 때라 잠시도 쉴 틈이 없어요. 올해는 특히 태풍이 잦아서 긴장을 많이 했어요. 거센 바람에 큰 비가 오면 아무리 튼튼한 건물도 강릉에선 안심을 할 수가 없거든요. 다행히 이 계절을 무사히 넘겨서 지금은 좀 여유가 있어요.

분주한 시간을 별 탈 없이 보내서 무척 다행입니다. 최근 들어 동영상 편집에 재미를 붙이신 것 같아요. 나날이 깔끔해지는 영상을 보면 실력이 일취월장하고 있는 것 같은데요, 책을 고르고, 녹음을 하고, 편집을 마치는데 보통 어느 정도 시간을 두나요?

사흘 정도는 쏟아 부어야 해요. 그래서 영상을 자주 올리지 못하는 편이에요. 그래도 이제는 동영상을 제법 만질 수 있는데, 이 일을 처음 시작할 땐 하나부터 열까지 제대로 아는 게 없었어요. 녹음은 어떻게 손대야 할지, 편집할 땐 무슨 프로그램을 쓰는지, 작은 마이크나 팝 필터 하나까지도 어떤 제품을 골라야 할지 도무지 모르겠더라고요.

하나하나 시행착오를 거쳐서 여기까지 오게 되니까, 혹시나 북튜버 일에 관심을 두고 있는 분들이 계시면 정보를 알려드려야겠다는 생각이 들었어요. 사실 제가 이 일을 시작할 때 선배 북튜버분들에게 큰 도움을 받았거든요. 그래서 저도 새내기분들에게 자세하게 안내해 드리려고 해요.

누구에게나 시작의 시절이 있지요. 그때를 잊지 않는 모습이 보기 좋습니다. 낭독을 하는 도중에 책장을 넘기는 소리가 반갑던데요, 그 소리는 자연스럽게 들어가는 것인가요?

하하, 아니에요. 일부러 넣는 소리예요. 새로운 챕터로 넘어갈 때 영상을 보지 않고 귀로만 듣는 분들을 위해 그 소리를 넣어요. 그러면 쉽게 알 수 있거든요. 곧 다른 내용이 펼쳐진다는 것을요. 꾸준히 그렇게 넣어 놓았더니, 이제는 알아채는 분들이 제법 계세요.

영상을 간질이는 큰 웃음은 자작나무 님의 트레이드마크지요. 평소에도 밝은 표정을 자주 지으실 것 같습니다. 혹 속상한 일이 생기면 어떻게 털어버리나요?

열정적으로 싸우고, 빛의 속도로 사과를 건네요. 아마 지구상에서 저보다 더 빨리 사과를 하는 사람도 드물 거예요. 마음에 걸리는 일이 있을 때 그걸 담아 두면 더 속이 상하더라고요. 그래서 구석에 있는 말까지 모두 털어내어 투닥거려요.

오랫동안 카페를 함께 지킨 형님과 그렇게 많이 다퉜어요. 그러고 나서는 금세 미안하다고 꼬리를 내리니까 이제는 형님도 얼른 할 말을 해치우고 제가 사과하면 못 이기는 척 받아줘요.

그 목소리로 말다툼을 벌이면 어떤 상황이 될지 은근슬쩍 궁금해지긴 하네요. 가끔 영상 속에서 의견을 적극 표현하실 때가 있어요. 사랑에 큰 의미를 두지 말라는 장성숙 작가의 말에 자작나무 님이 말했지요.

"저는 동의 못합니다. 다 없어질 것을 밥은 왜 먹습니까. 애는 왜 낳아요. 저는요, 죽을 때까지 흠뻑 사랑하고 흠뻑 사랑받는 걸 포기하지 않을 거예요. 이루지 못해도 괜찮은데 마음에서는 절대 포기 안합니다."

저도 그 말에 뜻을 같이합니다. 그리고 자작나무 님의 사랑이 흘러가 닿는 곳은 어디인지 궁금합니다.

네, 기억이 나요. 이렇게 바깥에서 다른 사람의 입을 통해 들으니 무척 부끄럽네요, 하하. 제 마음이 닿는 곳은 가족이에요. 저를 힘겹게도 했지만, 벅차게도 만들었어요.

부모님의 경제 사정이 잠시 좋지 않았던 때가 있었어요. 그때 제가 대학생이고, 바로 아래 남동생은 고등학생이었어요. 당시 학교가 끝나면 아르바이트를 해서 일당을 받았어요. 늦게 집에 들어와 머리맡에 그 돈을 올려놓으면, 동생이 얼마를 가져가서 문제집도 사고, 급식비로도 썼어요. 자고 일어나서 지폐 몇 장이 없어진 걸 보면 그렇게 기분이 좋더라고요. 지금도 가끔 생각해요. 새롭게 태어나도 부모님과 누나, 동생을 다시 만나고 싶다고요.

그리고 쑥스러움을 무릅쓰고 이 자리를 빌려 소원을 한 가지 말해두고 싶어요. 제게 힘이 되는 한 사람과 벌써 몇 년째 사랑을 키워오고 있어요. 무척 아름다운 사람이에요. 이런 제 연인과 앞으로도 오래도록, 서로의 흰머리가 사랑스럽게 보일 때까지 아끼며 함께하고 싶어요.

마음이 따스해지는 느낌입니다. 영상 속에서 동네 강아지 똘똘이와 수다쟁이 수탉이의 이야기를 종종 하시는데요, 그 둘이 교묘하게 쉰다는 새벽 시간에 주로 녹음이 이루어지나요?

네, 맞아요. 저는 한창 녹음을 할 때 방해받는 걸 정말 싫어해요. 정성껏 하다가 끊어지면 난감하거든요. 그런데 제가 사는 동네가 지나치게 조용해서 늦은 밤에 조심스레 녹음을 해도 개 짓는 소리나 수탉이 우는 소리, 오징어 배가 내는 뱃고동 소리까지 모두 오디오에 잡혀요. 그래서 시간대를 아주 잘 골라야 해요. 여러 번의 시행착오 끝에 결국 알아냈지요. 똘똘이도 짖지 않고, 수탉이도 잠을 자고, 뱃고동도 울리지 않는 그 교묘한 시각을요. 그 때가 새벽이에요.

이른 새벽의 감성 덕분일까요. '그토록 붉은 사랑' 낭독을 두 번째 듣고도 눈물을 참지 못했습니다. 자작나무 님의 영상 조회수가 그렇게 높은 이유를 실감하는 순간이었어요. 림태주 시인의 작품은 처음 어떻게 만나게 되었나요?

도서관에서 우연히 마주친 책이에요. 읽는 순간 가슴에 스며들더라고요. 마음에 와 닿는 문장을 읽으면서 저도 몇 번이나 고쳐 울었어요. 북튜버 일을 하면서 가슴 벅찬 보람을 느낄 때가 바로 그런 책을 만날 때예요. 흘러넘치는 마음을 목소리에 소복소복 담아서 읽다 보면 저절로 행복해져요. 그런 마음을 구독자분들도 알아보셨는지, 그 책을 소개한 영상이 생각지도 못했던 반응을 얻었어요. 저도 깜짝 놀랄 정도였어요. 그런데 어느 날 출판사를 통해 림태주 작가님이 말씀을 주신 거예요.

'자작님 덕분에 소고기 많이 사 먹었어요.'

얼마나 신기하던지, 메시지를 들여다보고, 또 봤어요. 동경하던 연예인과 감히 악수를 해 본 느낌이랄까요. 책을 통해서도 유머러스한 분이란 걸 짐작하고 있었는데, 이번에 새삼 확인했어요.

언젠가 자작나무 님과 림태주 작가님이 만나면 어떤 이야기가 오고갈지 내심 궁금해집니다. 4만 구독자 이벤트를 열고난 지 일 년 만에 15만의 구독자가 모였습니다. 스스로도 놀라운 결과일 것 같은데요, 북튜버를 시작한 뒤 달라진 일상이 있다면 어떤 것일까요?

일단 주변 사람들이 저보다 더 기뻐해요. 제 연인도 그렇고, 가족들도 모두다요. 원래 가족들한텐 말하지 않고 조용히 해 볼 생각이었어요. 그런데 어떻게 알아냈는지, 다들 제 영상을 한 번씩 봤더라고요. 아마도 목소리를 알아본 것 같아요. 많이 부끄럽긴 했는데, 내심 기쁘기도 했어요. 어쩐지 뿌듯한 느낌이 들더라고요. 지난번에 구독자가 15만 명이 되었을 때 누나한테 가장 먼저 문자를 받았어요. 전 그때까지 모르고 있었거든요, 하하.

다들 자작나무 님을 자랑스러워하고 계실 겁니다. 평소 이벤트 당첨자를 선정하실 때 고민이 많을 것 같아요. 소소하지만 사랑스런 이벤트들을 어

떻게 기획하고 계신가요?

제가 오랫동안 카페를 운영하다 보니 크고 작은 이벤트를 많이 치러냈어요. 그러면서 조금씩 노하우가 쌓이더라고요. 그래서 유튜브 채널에서도 그런 경험들을 조금씩 발휘하고 있어요. 그런데 매번 이벤트를 진행할 때마다 신청 댓글과 일반 댓글이 섞여서 골라내기가 어려웠어요. 그래서 아이디어를 냈지요. 매번 암호를 새롭게 만드는 걸로요.

한번은 도서 증정 이벤트를 계획하고 있는데, 암호를 뭐로 할까 고민하다가 문득 창밖에 있는 나무에 눈길이 갔어요. 날이 좋아서 그런지 자두가 주렁주렁 열렸더라고요. 그래서 즉시 글을 올렸지요. 혹시 이 책을 받고 싶은 분이 계시면 댓글 창에 '자두 사세요'라는 말을 올려달라고요. 순식간에 자두가 다 팔려서 당첨자를 고르는 데 애먹었어요. 이렇게 열띤 호응을 보여주실 때마다 마음이 벅차올라요. 어떻게 감사를 드려야 할지 잘 모르겠어요.

"나무님들, 자작나무 숲을 지켜주어 고맙습니다."

그저 이렇게 말씀드릴 뿐이에요. 평소에 구독자분들을 나무님이라 부르고, 댓글창은 자작나무 숲 사랑방이라고 말하곤 해요. 이심전심이라고, 요즘은 이런 말만 전해도 제가 어떤 마음인지 대부분 아시는 것 같아요:

자작나무 숲의 온기가 이곳까지 전해오는 것 같네요. 어느새 이렇게 많은 이야기를 주고받았습니다. 이제 두 가지 질문만 남겨 놓고 있습니다.
지금 가장 큰 생각거리는 무엇인가요? 자작나무 님의 삶에서 작지만 소중한 고민이 무엇인지 살며시 들려주세요.

얼마 전에 아주 중요한 결정을 내렸어요. 하루도 빠짐없이 출근하던 카페를 다른 분에게 넘기기로 형님과 의논을 마쳤거든요. 그러면서 고민이 시작됐어요. 그동안 소중하게 쌓아온 우정을 어떻게 지켜 나가면 좋을까 하고요. 지금까지는 일터에서 매일 마주쳤는데, 그런 공간이 사라지고 나면 일부러 시간을 내야 만날 수 있는 거잖아요.

힘든 일을 함께한 사람들에겐 깊은 유대감이 자리해요. 형님과 저는 20년 가까운 시간 동안 높은 산을 오르고, 깊은 물을 지나고, 울창한 숲을 함께 누볐어요. 그건 무엇과도 바꿀 수 없는 세월이거든요. 그 시간들을 앞으로도 의미 있게 이어갈 수 있도록 노력을 기울여 보려고요.

형님도 분명 그 마음을 알아주실 겁니다. 매일 출근하던 곳에 가지 않으면 마음이 제법 허전하겠어요.

정리할 때가 다가오니, 여러 가지 생각이 머릿속을 오고 가요. 시원하기도 하고, 섭섭하기도 하고, 앞으로 주어질 날들을 어떻게 꾸려갈까 걱정도 되고요. 사실 지금껏 제대로 쉬어본 적이 없거든요. 막상 시간이 날 거라고 생각하니 도무지 갈피를 못 잡겠더라고요.

지금 생각으론 훌훌 털고 다른 곳에 가서 한 달 살기나 두 달 살기 같은 것을 해보고 싶기도 해요. 제주도도 좋고, 울릉도로 좋고, 때론 다른 나라에 머물러도 좋고요. 그곳 풍경을 영상에 담아 책 이야기와 함께 채널에 올려도 괜찮겠다는 생각도 해 봤어요. 그래서 요즘 한창 유튜브를 뒤적이며 한 달 살기 영상을 탐색 중이에요.

자작나무 님의 새로운 삶이 고운 빛깔로 물들었으면 좋겠습니다. 이제 마

지막 질문입니다. 세상 모든 책이 모여 있는 서점에서 단 한 권의 책만 들고나올 수 있다면, 무엇을 고르시겠어요?

저라면…, 마이클 싱어의 '상처 받지 않는 영혼'을 선택할 것 같아요. 제가 그 책을 통해 위로를 많이 받았어요. 힘들 때마다 다시 꺼내어 펼쳐 보는 책이에요. 몇 번을 고쳐 읽어도 그 안의 글들이 마음을 두드리더라고요. 그런 책이 있어 줘서 참 고마워요.

정겨운 시간 가질 수 있게 해 주셔서 감사합니다. 바다와 하늘이 어우러진 멋진 인터뷰였어요. 자작나무 님이 가꿔 가는 너른 숲이 점점 울창해지기를 바라 마지않습니다. 오늘 반가웠습니다.

한참 전에 잡은 약속을 오늘에야 지킬 수 있었네요. 기다려 주셔서 고맙습니다. 제게도 의미 있는 시간이었어요. 이곳까지 찾아 주셔서 기뻤습니다. 비가 쏟아져서 걱정했는데, 날이 개서 다행이에요. 내려가서 함께 차에 타시지요. 강릉역까지 배웅하겠습니다.

상처 받지 않는 영혼

마이클 A. 싱어 지음

바깥으로 향하던 사람들의 시선을 스스로의 내면으로 돌려놓은 책. 은둔의 스승으로 알려진 마이클 싱어를 유명 인사의 반열에 올려놓은 책이기도 하다. 이런 구절이 눈길을 끈다.

"사람들은 '자신을 찾기 위한 노력'이라는 이름하에 온갖 변화를 경험한다. 그들은 이 목소리들 중에서, 자신의 인격 중에서, 어느 측면이 진정한 자신인지를 밝혀내려고 애를 쓴다. 그 대답은 간단하다. 어느 것도 아니다."

그는 말한다.

"마음의 평화를 얻는 일은 쉽습니다. 누구든 해낼 수 있어요."

그 말에 마음이 시원해진다. 작은 걱정 또한 부질없게 느껴진다. 이 책은 뉴욕타임스 베스트셀러 1위라는 거창한 훈장 탓에 조금 부담스러운 느낌을 주기도 한다. 하지만 막상 책장을 펼치면 의외로 물 흐르듯 자연스러운 전개에 기분 좋은 독서가 가능해진다.

명불허전, 즉, '소문 난 잔치에 먹을 것도 많더라'는 말을 제대로 실감하게 해 주는 책이다.

책 읽는 자작나무 편

호탕한 웃음소리

점잔 빼고 싶었는데, 잘 되지 않는다면? 그냥 크게 웃어보자. 자작나무 님처럼 말이다. 책에 관한 이야기를 들려주는 방법에 왕도는 없다. 그는 이 사실을 가장 잘 알고 있는 사람이다. 애 초부터 아무런 꾸밈이 없었으며, 울고 웃는 것에 경계를 두지 않았다. 이런 자신이 부끄러울 때도 있다지만, 그를 보면 알 수 있다. 어떤 일을 하든 나다울 때 가장 빛이 난다는 것을.

균형 있는 태도

나란히 앉아 있는 친구처럼 그는 선뜻 말을 건넨다. 순수하고 다정한 그의 모습은 상대의 마음에 반짝이는 기억을 남긴다. 이런 다가섬이 가능한 것은 예의바름을 잊지 않는 한결같은 자세 덕분이다. 그는 공감할 때 넘치지 않고, 위로할 때 서둘지 않는다. 치우침 없는 균형 잡힌 태도는 오랜 훈련을 통해 얻어진다. 그를 단련시킨 그간의 세월이 오늘의 모습을 선물한 게 아닐까.

일상에서 엿보이는 평온함

문을 나서면 짭조름한 바람이 불고, 갈매기와 파도가 함께 노니는 바닷가. 그의 터전에는 이런 안온함이 가득하다. 그는 종종 이웃집 수탉과 기상 시각을 다투고, 작은 배가 드나드는 순간을 알아차린다. 이런 평화로운 일상이 영상에 스며들어 그만이 줄 수 있는 독특한 분위기가 만들어진다. 번잡한 마음이 쉬어갈 수 있는 나무 향기 가득한 산책길처럼 말이다.

이 그림을 스마트폰 카메라로 비춰 보세요.
화면을 터치하면 책한민국 님의 목소리를 들어볼 수 있어요.

책의 본질

책한민국

환했던 얼굴이
구름 뒤에 숨은 해처럼 살짝 어두워지더니,
이내 다시 밝아졌다.
가족에 관한 이야기를 나눌 때였다.

책한민국 님은 영상 속 이미지와 똑같았다. 담백하고 가식이 없으며, 예의바른 신사 그 자체였다. 진심을 담아 자신을 내보였고, 덕분에 궁금한 점들을 속속들이 해소할 수 있었다. 욕심을 버리기가 쉽지 않은데, 어떻게 그런 마음을 먹었냐는 우매한 질문에 그는 명쾌한 답을 들려주었다.

"저도 사람인데 어찌 탐심이 없겠어요. 그저 가진 것을 감사해하면 하루하루가 즐겁다는 사실을 조금 일찍 깨달았을 뿐이에요."

그렇다. 책한민국 님이 조용하게 건넨 말처럼 삶은 어쩌면 생각보다 단순하고 명료한 것인지 모른다. 우리가 그 사실을 애써 무시한 채 자신만의 헛된 생각을 좇는 것일지도.

시래기밥을 파는 곳에서 약속을 잡은 이유를 살며시 물으니 소박한 식사를 즐긴다는 대답이 돌아왔다. 중요한 만남이 있을 때면 곧

잘 이곳을 찾는다고 했다. 과연 이야기를 나누기에 적절한 분위기였다. 밥과 곁들여 나오는 반찬들도 정성스러웠다.

책한민국 님은 고요함이 저변에 깔린 본인의 성격을 굳이 감추려 하지 않았다. 말소리는 나직했고, 귀에 쏙쏙 박히는 음성으로 차근차근 이야기를 이어나갔다. 그러다가 관심 있어 하는 분야가 화제에 오르면 햇살 같은 표정이 번졌다. 잘 웃지 않는 사람의 드문 미소는 눈부시다고 했던가. 대번에 분위기가 살아났다.

책한민국 님의 즐거움이 가장 크게 발산된 주제는 역시나 책에 관한 것이었다. 리뷰할 도서를 어떻게 고르냐는 물음에 1초도 망설이지 않고 곧바로 대답이 튀어나왔다.

"새로운 것이면 뭐든 좋아요!"

차분함은 여전했지만, 목소리에 열기가 어려 있었다.

"몰랐던 사실을 담은 책이 좋아요. 심리학, 의학, 과학 분야를 막론하고요. 그런데 요즘 고민이 생겼어요. 유독 과학 분야의 책들은 정성껏 리뷰를 해도 별 반응이 없어요. 새로운 지식이 조명을 받아야 미래도 덩달아 밝아질 텐데, 왠지 안타까운 마음이에요."

환했던 얼굴이 구름 뒤에 숨은 해처럼 살짝 어두워지더니, 이내 다시 밝아졌다. 가족에 관한 이야기를 나눌 때였다.

"저는 일찌감치 하루를 시작해요. 그리고 해가 지면 잘 준비를 해요. 그런데 아내와 아들은 귀가가 늦어요. 사람 만나는 걸 워낙 좋아하거든요. 얼굴 보기가 하도 힘들어서 얼마 전에 엄포를 놓았어요. 일주일에 한 번은 꼭 밥을 같이 먹자고요."

투덜대듯 말했지만 얼굴에선 행복이 묻어났다. 집안 분위기가 정겨운 사람들에겐 고유의 분위기가 있다. 책한민국 님이 그러했다.

"가끔은 방송에서 어릴 적 이야기도 하고 싶은데, 쉽지가 않네요. 아버지가 제 열혈팬 1호시라, 하하."

여든 넘으신 부친이 매일 영상을 찾아보시는 통에 어린 시절 일화는 도통 말하기가 힘들다는 너스레를 듣다 보니, 그와 닮은 어르신의 정겨운 모습이 떠올라 나도 슬며시 따라 웃었다. 오늘 아침까지도 이 자리에 나오는 걸 고민했다는 그의 말을 들으며, 내성적인 한 사람이 긴 시간 털어놓은 진솔한 이야기들이 무척 고맙게 느껴졌다.

그는 책과 무척 닮아 있는 사람이었다. 올곧고 순수하며, 펼침과 닫음을 온전히 자신의 의지로 결정하는 듯 보였다. 그래서일까. 그의 영상은 종종 책의 본질을 꿰뚫곤 한다. 그런 성품이 인터뷰에서도 고스란히 드러나 질문의 속뜻까지 담아내는 충실한 대답들이 마주 앉은 탁자 위로 켜켜이 내려앉았다. 조용한 그가 꾹꾹 눌러 담아 건넨 이야기들이 지금도 귓가에 맴돈다.

책한민국 님의 어린 시절을 그려 보면, 차분하고 속 깊은 소년의 모습이 떠오릅니다. 국민학교에 다니던 시절, 특별히 생각나는 추억이 있으신가요?

저는 몸집이 작은 데다 병치레도 잦아서 그리 눈에 띄는 아이는 아니었어요. 혼자 지내는 시간도 많았고요. 그러다 보니 별다른 추억이 없는데, 유독 한 가지 기억만은 또렷해요.

마을에서 마라톤 대회가 열린 적이 있어요. 동네 서너 바퀴를 도는 시합이었는데, 마지막 바퀴에 들어설 즈음 제가 일등으로 달리고 있었어요. 거의 죽을힘을 다했거든요. 그런데 결승선에 가까워질 무렵, 갑자기 뒤쪽에서 누가 저를 잡아당겼어요. 전 그대로 고꾸라졌고, 반칙을 했던 아이가 오히려 우승을 했어요. 기가 막혀서 쳐다봤더니, 그 애가 저한테 그러는 거예요.

"야, 뭘 이런 걸 갖고 그러냐?"

얼마나 억울하던지, 갑자기 눈물이 터져 나왔어요. 뭔가 한마디 해 주고 싶은데, 제대로 따지질 못하겠더라고요.

그것 말고 다른 기억은…, 곤충을 좋아했어요. 뒷마당 담벼락에 거미가 종종 집을 지었는데, 그걸 한참 쳐다보곤 했어요. 땅바닥에 줄지어 가는 개미도 보고요. 그땐 제가 짓궂었는지 가끔 개미를 잡아다가 거미한테 먹이로 주기도 했어요. 돌이켜 보면 개미한테 미안한 마음이 들어요.

어릴 땐 누구나 그런 면이 있지요. 비교적 조용한 유년기를 보내다가 책에 관심을 두게 된 건 몇 살 무렵인가요?

아홉 살 때쯤인 것 같아요. 당시 큰길을 따라 40분쯤 걸어가면 버스 정류장이 보였어요. 거기서 129번 버스를 타고 한참을 가면 광화문이 나오고, 거기에 교보문고가 있었어요. 저한테는 그곳이 놀이터였어요. 온종일 책을 읽으며 놀았지요.

뭐가 그렇게 재미있었는지 지금도 잘 모르겠어요. 그때 엄마한테 220원을 받으면 120원은 왕복 버스비로 쓰고, 100원은 지하에 있는 매점에서 라면을 사먹었어요. 그렇게 점심을 먹고 나면 또 책을 읽었어요. 저녁이 다 되어서야 집으로 가는 버스에 탔어요.

한번은 동네 친구들을 데리고 그곳에 간 적이 있어요. 그런데 두 시간쯤 지나니까 다들 몸을 배배 꼬더라고요. 그래서 다음부터는 그냥 혼자 갔어요. 그러는 게 마음이 편해서요.

몸집이 크지 않은 어린 소년이 큰 서점 한쪽에 앉아서 가만히 책을 들여다보는 모습이 눈에 선하네요. 활자 중독이라고 표현할 만큼 글씨를 좋아한다는 이야기를 하신 적이 있습니다. 그 사실을 처음 느낀 건 언제였나요?

중학교에 다니던 무렵이었어요. 전철을 탔는데, 퇴근 시간이라 무척 붐볐어요. 당시엔 명함 크기의 광고지가 전철 여기저기에 꽂혀 있었거든요. 사람들 틈에 꽉 끼어서 이쪽저쪽 밀리면서도, 그 광고지에 뭐라고 쓰여 있는지 너무 보고 싶더라고요. 그때 어렴풋이 깨달았어요. 내가 글자를 참 좋아하는구나 하고요.

글에 대한 애정이 지금까지 이어져 온 셈이네요. 그러고 보니, '책한민국'이라는 이름을 짓는데 6개월, 유튜브 채널에 첫 영상을 올리기까지 3개월이 걸렸다는 말씀을 하신 적이 있어요. 그때의 이야기가 궁금합니다.

저는 하루에 한 권씩은 책을 읽어요. 그러다가 가끔씩 가슴이 벅차오를 때가 있어요.

'이렇게 좋은 내용을 누구와 함께 나누지?'

그러면서 주위를 둘러봐도 딱히 말을 건넬 사람이 없어요. 사실 아내와 아들은 책 읽기를 그리 즐기는 편이 아니거든요. 그래서 하는 수 없이 느낀 점을 차근차근 써내려갔더니 어느새 노트 한 권이 채워졌어요. 그래서 혼자 생각했지요.

'유튜브 채널을 하나 만들어서 거기에 이 내용을 보관해 둘까? 그러면 나중에 다시 들어볼 수도 있잖아.'

그 생각을 말했더니, 가족들이 하나같이 반대를 하더라고요. 아내도, 아들도 괜한 생각인 것 같다며 저를 말렸어요. 그래서 몰래 채널을 개설했는데, 닉네임을 어떻게 할지 그것부터 막히지 뭐예요. 반년 동안 이 이름 저 이름 고민하면서 썼다 지우기를 수십 번 하다가, 우연히 '책한민국'이 떠올랐어요. 더 나은 대안이 없을 것 같아서 그걸로 닉네임을 정했는데, 그런 뒤에도 과연 내가 영상을 올려도 될까 한참을 고민했어요. 그러다가 생각 끝에 책 하나를 골라서 녹음을 했어요.

제가 고민은 길어도 일단 시작을 하면 뭐든 꾸준히 하는 편이에요. 그래서 다음날 또 녹음을 올리고, 그 다음날에 하나를 더 올렸어요. 그렇게 한 달째 되던 날, 구독자 한 명이 생긴 거예요. 얼마나 신기하던지, 당장 달려가서 고백을 했어요. 그랬더니 아내랑 아들이 하는 수 없다는 표정을 지으면서 그냥 열심히 해 보라고 격려를 해 주더라고요. 그러면서 신신당부를 했어요. 녹음할 때 자기들 이야기는 절대 하지 말라고요.

처음엔 아내가 곧잘 제 녹음을 들어줬어요. 그러다가 시간이 지나니까 별 관심을 두지 않더라고요. 그래서 옳다구나 싶어서 가끔 가족들 이야기를 영상 속에서 하곤 했지요. 그런데 그럴 때면 꼭 저한테 와서 한마디를 해요. 알고 보니 아내의 직장 동료 가운데 제 채널 구독자가 있다지 뭐예요, 하하.

토닥거리는 가족 이야기가 정겹습니다. 북튜버가 되신 지금의 모습을 아내 분도 내심 흐뭇해하고 계실 것 같아요. 두 분의 생활 패턴이 전혀 다르다고 했는데, 책한민국 님의 하루 일과는 어떠한가요?

아내는 늦게 잠이 드는 편이라 아침에 일어나는 걸 힘들어해요. 저는 새벽 4시면 저절로 눈이 떠지고요. 일어나면 곧바로 아침을 먹고, 책 한 권을 읽고, 그 다음에는 필요한 일을 해요. 최근에는 꾸준히 공부를 했어요. 제가 7년 가까이 평범한 사무직 직원으로 일을 했는데, 어느 날 너무 단조롭다는 생각이 들더라고요. 그래서 긴 시간을 들여 가족한테 양해를 구했어요. 나이가 들어서도 현장에 설 수 있는 직업을 계획하고 있다고요. 다행스럽게도 이해를 해 주어서 몇 달 동안 관련 준비를 해낼 수 있었어요.

오전 일과를 마치면 간단하게 식사를 한 뒤 다시 공부를 하거나 책을 읽어요. 계획한 분량을 끝내면 운동을 시작하고요. 팔 굽혀 펴기랑 이것저것 집에서 할 수 있는 동작을 하다 보면 어느새 저녁을 먹을 시간이 돼요. 식사를 마친 후엔 영상을 만들고, 샤워를 하고, 곧바로 잠자리에 들어요. 그게 기본적인 일과예요. 오늘처럼 약속이 생기면 낮에 나가서 사람도 만나고, 조금씩 융통성 있게 생활해요.

규칙적인 생활에서 성실함이 느껴지네요. 2018년 9월에 처음 도서 리뷰를 업로드한 뒤 모두 900여 편의 영상을 올리셨어요. 그걸 전부 지우고 새로운 시즌의 동영상을 게재하게 된 계기는 어떤 것이었는지 여쭤보고 싶습니다.

저작권 문제 때문이었어요. 초반엔 그저 좋은 책을 널리 알리고 싶다는 생각에 서점이나 도서관에서 고른 책을 꾸준히 리뷰해서 거의 매일 올렸어요. 그런데 어느 날 여러 출판사에서 말씀을 주시더라고요. 저작권 이슈가 생길 수 있으니 영상을 내려달라고요. 그래서 아무래도 안 되겠다 싶어서 올렸던 파일들을 채널에서 모두 삭제했어요.

그 다음엔 출판사에서 보내준 신간 도서나 직접 허락 받은 책들 가운데 마음에 드는 것을 골라 리뷰를 했는데, 이번엔 유튜브를 운영하는 회사인 구글 쪽에서 연락이 왔어요. 당시의 상태로는 영상 안에서 구현된 제 창조성을 인정할 수 없다고요.

제가 영상 앞쪽에서는 책 소개를 하고, 뒤쪽에서는 책에 관한 생각을 말하곤 했는데, 앞부분의 비중이 너무 커 보였나 봐요. 구글의 판단에 항의하는 메일을 여러 차례 보냈는데, 번번이 거절을 당했어요. 그래서 생각했죠. 유튜브를 관리하는 곳에서 그런 판단을 내렸다면 나도 내 영상에 대해 다시 생각해 봐야겠다고요.

그래서 다시 영상을 내리고 새롭게 시작을 한 거예요. 한동안은 예전에 올렸던 녹음 파일을 손보고, 하루치 생각을 새롭게 써서 영상을 만들었어요. 이렇게 여러 차례 고비가 있는 동안 많은 분들이 도움을 주셨어요. 특히 구독자분들의 응원 덕분에 이 자리까지 올 수 있었던 것 같아요.

사실 전 큰 욕심은 없어요. 유튜브 채널이 제겐 소중한 보관소예요. 저녁에 자리에 누우면 올려놓은 영상을 하나씩 틀어 놔요. 그걸 들으면서 어느새 잠이 들어요. 책에 관한 기억을 차곡차곡 모아둘 수 있다는 게 저는 참 좋아요.

올려두신 영상을 시청하다 보면 책 전체를 관통하는 뚜렷한 생각이 그 안에 자리 잡고 있다는 걸 알 수 있습니다. 세상사에 대한 확고한 주관을 갖게 된 건 언제쯤이었나요?

글쎄요. 예전에는 삶을 잘 안다고 생각했어요. 그런데 요즘 들어 그런 생각이 오히려 엷어졌어요. 나이가 들고, 읽은 책의 숫자가 늘어가면서 제가 모르는 세상이 더 많다는 걸 깨달았어요. 그래서 이제는 그에 관한 말을 섣불리 꺼내지 않게 되었어요. 영상 속 제 모습이 비교적 확신에 차 보였다면, 그건 아마도 내가 모르는 것들이 이 세상에 참 많다는 사실에 대한 믿음일 거예요.

그 말씀을 듣고 나니 책한민국 님의 마음속에 자리 잡은 좀 더 큰 생각을 엿본 느낌입니다. 영상 말미에 덧붙이는 '하루치 생각'을 기다리는 애청자들이 많습니다. 그 생각은 어떻게 담으시나요?

책을 읽으면서 따로 메모를 해놓아요. 인상 깊은 문구나 새로운 시각, 내가 알고 있는 것 가운데 책과 연결된 사실들이 떠오르면 즉시 써둬요. 그런 다음엔 그 내용을 바탕으로 스스로의 생각이 담긴 원고를 쓰고, 곧바로 녹음에 들어가요.

요즘에는 예전보다 하루치 생각의 분량이 늘었어요. 좋다는 분들이 계셔서 그렇게 하긴 했는데, 솔직히 많이 부끄러워요. 개인적인 생각을 영상 속에 담는 게요. 그래서 녹음할 때마다 한 번씩 망설이곤 해요, 하하.

영상 속 '하루치 생각' 가운데, 책 한 권에서 한 가지 배움을 얻으면 그것으로 족하다는 말씀이 무척 인상 깊었습니다. 현재 갖고 계신 책은 몇 권 정도인가요?

500권 정도예요. 그런데 이것도 넘치는 느낌이에요. 앞으로 매일 책을 줄여서 언젠가 열다섯 권 정도만 책장에 남길 계획이에요.

마지막에 남게 될 책이 궁금해지네요. 책한민국 님의 삶에서 읽기란 어느

새 생활의 일부가 된 느낌입니다. 혹시 보아야겠다는 마음은 있는데, 좀처럼 진도가 안 나가는 책이 있을 땐 어떻게 하시나요?

그냥 덮어요. 미련 없이. 저는 읽히지 않는 책을 붙들고 있는 것이 책한테나, 시간한테나 모두 미안한 일이라고 생각해요. 흥미롭게 받아들이기 힘들다면, 그 책은 나와 맞지 않는 거예요. 그럴 땐 아쉬움을 갖지 않고 즉시 손에서 놓아요.

명쾌한 대답이네요. 영상 속에서 아내 이야기를 종종 하십니다. '어느 누구와도 바꿀 수 없는 확실한 내 편'이라는 믿음이 강하게 느껴지는데요, 두 분의 첫 만남이 어떠했는지 살짝 들려주실 수 있을까요?

아내는 매우 특별한 사람이에요. 조바심하며 살아왔던 제게 무한한 안정감을 주거든요. 처음에 마주친 건 아주 우연한 계기였어요. 대학 시절, 제가 속한 동아리에서 큰 행사를 열었어요. 그 행사를 준비하는 사무실에서 혼자 시간을 보내고 있는데, 전화벨이 울리더라고요. 수화기 너머에서 들려오는 여학생의 말투가 무척 마음에 들어서, 행사 당일에 열심히 찾아 나섰어요. 그래서 사귀게 되었지요.

저는 선천적으로 몸이 약한데, 아내는 에너지가 넘쳐요. 그런 모습이 보기 좋다가도 가끔은 걱정이 돼서 나도 모르게 잔소리가 나와요. 저렇게 쉴 틈 없이 움직이다가 혹시 병이라도 나면 어쩌나 싶어서요. 제가 그런 말을 건네면 아내는 선뜻 고개를 끄덕여요. 하지만 얼마 지나지 않아 다시 원래 모습으로 돌아가요. 그럴 땐 저도 그냥 웃어요. 어쨌거나, 그런 모습까지 사랑하는 거니까요.

가족은 안정감의 뿌리라는 생각이 듭니다. 곁에 있는 사람의 소중함을 누구보다 잘 알고 계신 것 같아요. 곤하게 자고 있는 아들의 살냄새를 맡을 때 가장 행복하다는 말씀에 저도 모르게 울컥했습니다. 책한민국 님에게 가족이란 어떤 의미인가요?

가족은 제게 너무나 중요한 존재, 그 자체예요. 힘을 내어 살아가고, 좀 더 좋은 사람이 되려는 것 모두 나를 응원해 주는 아내가 있고, 나를 지켜봐 주는 아들이 있기 때문이니까요. 저는 아직도 아들을 꼭 껴안고 등을 토닥이는 게 좋은데, 스무 살이 훌쩍 넘어가니까 좀처럼 품에 들어오려 하지 않아요. 그래서 가끔은 용돈으로 꼬드겨서 실컷 안아보곤 해요.

그러면서도 각자의 영역만은 확실하게 지켜주는 편이에요. 예전엔 이것저것 잔소리가 많았어요. 저는 자투리 시간까지 아껴 쓰는데, 아들은 그런 면에서 많이 헐렁하거든요. 그런데 이제는 그런 말들이 부질없다는 생각이 들어요. 어릴 땐 품안의 자식이지만, 이제 곧 독립을 해야 하니까요. 하고 싶은 일도 실컷 해 보고, 실패도 성공도 모두 경험해야 진정한 어른이 될 수 있다고 저는 믿어요. 아내도 마찬가지예요. 나와 다른 면이 있기 때문에 오히려 서로를 아낄 수 있으니까, 상대의 생활을 존중하고 충분한 안전거리를 유지하려고 노력해요.

다름을 인정할 때 좋은 관계가 유지되지요. 고개가 저절로 끄덕여집니다. 영상 속에서도 느꼈지만, 책한민국 님의 목소리에는 독특한 분위기가 있습니다. 확실한 자기표현과 내면의 깊이가 그런 느낌을 만드는 것 같은데요, 목소리 상태를 유지하기 위해 따로 신경 쓰는 부분이 있을까요?

글쎄요. 딱히 조심하거나 하진 않아요. 그저 사람들과 만날 때 많이 듣고

적게 말하려고 하는 정도예요. 제가 목이 금세 쉬거든요. 참, 몇 년 전부터 성악 레슨을 받고 있어요. 원래는 악기를 하나 익히고 싶었는데, 아내가 저를 부추기더라고요. 그런데 막상 시작을 해 보니 너무 재미가 있는 거예요. 일주일에 한 번 레슨을 받는데, 꾸준히 배운 게 효과가 있었는지 예전보다 실력이 제법 향상됐어요. 노래를 즐기는 편이 아니었는데, 레슨을 받고부터는 자꾸 하고 싶어져요. 그래서 혼자 코인 노래방에 가서 한바탕 신나게 부르곤 해요.

노래 이야기에 얼굴이 금세 환해지셨어요. 코인 노래방에서 자주 고르는 애창곡 목록이 있나요?

휴대폰 메모장에 좋아하는 노래 번호를 적어놨어요. 예전엔 그 목록이 백 개쯤 있었는데, 요즘엔 스무 개 정도만 남겨 뒀어요. 앞으로 좀 더 다양하게 불러 보려고요.

아직도 목록에 있는 건 유 레이즈 미 업, 가로수 그늘 아래 서면, 광화문 연가, 호텔 캘리포니아, 그런 노래들이에요. 맞다. 얼마 전에 멜로망스의 고백이란 노래도 목록에 추가했어요. 연극 동아리 뒤풀이에서 이 노래를 우연히 들었는데, 참 좋더라고요.

노래도, 책 읽기도 기쁘게 하고 계신다는 느낌이 듭니다. 문득 여쭤보고 싶은데요, 북튜버가 되길 참 잘했구나 하고 마음 깊은 곳에서 보람이 솟아났던 때는 언제였는지 궁금합니다.

어렸을 때 아버지가 무척 엄하셨어요. 무뚝뚝하기도 했고요. 혼도 많이 났고, 억울한 일도 많아서 서운한 마음이 컸어요. 겉으로 표현은 안했지만, 나이가 들어서도 그런 감정이 가슴 밑바닥에 깔려 있었나 봐요. 예의바르게 행동했지만, 아버지와 만날 때마다 왠지 서먹한 기분이 들었어요. 그런데 어느 날 제가 올린 영상을 아버지가 꾸준히 시청하고 계신다는 사실을 알았어요. 그것도 거의 초창기부터요. 한번은 아버지가 그러시는 거예요.

"그, 영상이 너무 길더라. 좀 짧게 만들어 봐."

그래서 그 뒤로는 한 시간 내외가 되도록 편집을 하고 있어요. 아버지가 그런 말씀을 해 주신 게 내심 기뻤거든요. 요즘도 말씀이 없는 건 여전하지만, 그래도 아버지를 바라보는 제 마음이 크게 달라졌어요. 그러면서 생각했어요. 내가 북튜버를 해서 다행이구나 하고요.

가족이 상처가 되기도 하지만, 또 그만큼의 행복을 주지요. 그동안 수익 제재로 넉 달 넘게 힘든 시간을 보내셨는데요, 그 시간을 어떻게 이겨내셨나요?

답답하긴 했지만, 사실 그렇게 힘들진 않았어요. 제가 유튜브 채널을 만든 건 기억을 모아 놓고 싶다는 마음에서였어요. 아무도 들어주지 않아도 언제든 꺼내 들을 수 있는 작은 도서관이 생기는 거니까요. 그런데 감사하게도 너무 많은 분들이 제 이야기에 귀를 기울여주셔서 저도 얼떨떨한 기분이에요.

그런 큰 사랑을 받은 것만으로도 충분히 가치 있는 채널이 되었다고 생각해요. 그래서 수익이 없어도 그 시간을 보람 있게 보낼 수 있었어요. 앞으로도 그런 마음을 잊지 않고 꾸준히 제 생각을 쌓아 가려고요.

얼마 전에 큰 상을 받으셨어요. 한국표준협회에서 인증하는 프리미엄브랜드지수 도서리뷰 부문 1위를 수상했지요. 인정받는 북튜버로서 인생의 새로운 전성기를 열고 계시는데요, 다가오는 삶을 위해 마음속에 품고 있는 작지만 또렷한 목표가 있다면 어떤 것일까요?

책을 내고 싶어요. 제가 새로운 직업을 준비하면서 아내와 약속을 했어요. 좀 더 부지런히 살고, 꼭 책을 쓰겠다고요. 마음은 먹었지만 막상 시작을 하려니 막막했는데, 한 출판사의 대표님이 제 동영상 말미에 나오는 하루치 생각을 책으로 엮으면 어떻겠냐는 제안을 해 주셨어요. 평소 제 생각을 담아 놓은 것이니까 한 권의 책으로 만들어도 괜찮겠다는 마음이 들더라고요.

그런데 쉽지가 않아요. 예전에 썼던 원고들을 차분하게 정리하면 될 것 같았는데, 일단 모아 놓고 나니까 수정하고 싶은 부분이 자꾸 눈에 들어와요. 시간이 지나면 생각도 조금씩 바뀌잖아요. 하나하나 고치고 있는데, 작업량이 만만치 않더라고요. 얼른 마무리를 해야 할 텐데 걱정이에요, 하하.

저도 '하루치 생각'의 팬입니다. 앞으로 나올 책이 기대가 되네요. 책한민국 님의 채널에는 감사와 사랑을 담아 정성껏 댓글을 올려주시는 분들이 유독 많습니다. 그 글을 하나하나 읽어 내려가며 어떤 행복을 느끼는지 궁금합니다.

감사함과 책임감이 동시에 마음에 내려앉아요. 댓글을 읽고 제일 기쁠 때는 제 영상을 보고 책을 읽기 시작했다는 내용을 만날 때예요.

'내가 하는 일이 누군가에게 작은 의미가 되었구나.'

이런 생각에 저절로 즐거워져요. 그러다가 저를 한껏 칭찬하는 글을 보면 어깨가 무거워지곤 해요. 저는 그냥 책을 사랑하는 한 사람이고, 책 읽기가 좋아서 한 걸음 한 걸음 걷다 보니 북튜버도 되고, 과분한 상도 받고, 이렇게 오늘이 있게 되었거든요. 그래서 칭찬의 말에 들뜨지 않고, 처음 이 채널을 시작한 마음을 간직하겠다는 다짐을 되새기곤 해요.

속 깊은 이야기를 주고받다 보니 시간이 제법 흘렀네요. 앞으로 두 가지 질문만 남겨 놓고 있습니다. 어느 날 아드님이 삶에 대해 물어 온다면, 어떤 이야기를 들려주고 싶은가요?

주저하고 망설여도 좋으니까, 일단 결심이 서면 용기 있게 나아가라고 말해 주고 싶어요. 인생은 자신이 직접 해 보지 않으면 도저히 그 맛을 알지 못하는 것들로 가득 차 있어요. 새로운 길은 항상 어둡죠. 그래서 겁도 나고요. 하지만 덤불 위에 넘어지고 무릎이 까져도 그 길이 끝나갈 때쯤 반드시 한 가지는 배울 게 있을 거란 걸 알았으면 좋겠어요. 그리고 뒤돌아보면 아빠와 엄마가 항상 응원하고 있을 거란 사실도요.

아드님을 향한 시선이 사랑으로 가득 차 있어서 어떤 길을 걷더라도 의연하게 나아갈 것이란 생각이 듭니다.
이제 마지막 질문입니다. 무인도에서 일주일 동안 온전히 혼자만의 시간을 누릴 수 있다면, 그때 곁에 두고 싶은 단 한 권의 책은 무엇인가요?

아직 읽지 못한 책이요. 새로운 사실을 담고 있다면 어떤 책이라도 일주일을 즐겁게 만들어줄 것 같아요. 만약 제가 읽었던 책 가운데 고르라면…, 아마 논어일 거예요.

논어는 참 놀라운 책이에요. 읽고 또 읽어도 다시 새로운 의미가 눈에 들어와요. 시간이 지날수록 더 느껴요. 논어의 가치를요. 여러 가지 판본이 나와 있는데, 저는 두꺼울수록 좋아해요. 자세한 해설을 읽는 게 무척 흥미롭거든요. 현대지성 출판사에서 낸 두툼한 논어를 그래서 여러 번 읽었어요. 그렇게 다시 펼쳐들 때마다 또 좋은 문장을 발견하는 게 참 재미있어요.

점심 무렵에 만났는데 벌써 저녁을 먹을 시간이 가까워 오네요. 이렇게 귀한 시간 내어 주시고, 의미 있는 순간을 보내게 해 주셔서 감사합니다.

저도 무척 고맙습니다. 처음엔 두 시간 정도면 충분할 것 같았는데, 저도 모르게 많은 이야기를 하게 된 것 같아요. 정성스럽게 들어주시고, 많이 공감해 주셔서 저한테도 즐거운 시간이었습니다.
여기서 가까운 곳에 막국수를 잘 하는 집이 있어요. 거기에 함께 들러서 맛있게 한 그릇 드시고 가시지요.

책한민국 님이 들려주시는 이야기에 푹 빠져 있었습니다. 이제 일어서려니까 갑자기 허기가 몰려오네요. 막국수, 맛있겠어요.

네, 저도 맛있게 먹을 것 같아요, 하하.

논어

공자 지음

이천 년의 세월을 뛰어넘어 현대를 사는 우리에게도 여전히 생각할 거리를 던져 주는 빛나는 책. 이 책이 견뎌온 유구한 시간만큼이나 헤아릴 수 없이 많은 판본이 존재한다.

논어에 등장하는 글귀들은 공자와 그 주변 인물들의 말과 행동을 담은 것으로, 지금 보아도 생생한 의미로 와 닿는 것들이 제법 있다.

"아는 것은 좋아하는 것만 못하고, 좋아하는 것은 즐기는 것만 못하다. 知之者不如好之者, 好之者不如樂之者"

사실 이 글귀 하나만으로도 논어의 가치는 충분히 증명된다.

배움이 쉽지 않았던 시절, 공자는 다양한 사람들을 제자로 받아들여 그들을 알뜰살뜰 가르쳤다. 특이한 점은, 같은 질문이라도 제자들의 성격이나 상황에 따라 조금씩 다른 대답을 해주었다는 것. 사람을 대하는 그의 너른 배포를 엿볼 수 있다.

해설로 가득 찬 두꺼운 논어가 부담스럽다면, 공자의 인간적인 면에 초점을 맞춘 책들도 한번 찾아보자. 논어 속 이야기가 한층 가깝게 다가올지도 모르니.

본인도 모른다!
구독자를 끌어당기는 숨은 매력_히든 포인트

책한민국 편

부드러운 유머

그는 자신이 재미있는 사람인 걸 잘 모른다. 애청자들의 워너비인 '하루치 생각'에서 톡톡 터지는 탄산수 유머를 자유자재로 구사하고 있는데도 말이다. 듣다가 잠시 생각해 보면 풋 하고 잔물결이 이는 웃음 포인트가 바로 그의 특기. 그렇게 미소 짓다가도 문득 생각에 빠지게 만드는 것이 그의 유머가 지닌 진정한 가치인 듯.

겸손의 아름다움

칭찬은 고래도 춤추게 만든다. 하지만 그는 그런 칭찬마저도 섣불리 두 손에 받아들지 않는다. 그는 자신이 혹여 들뜰까 봐 항상 조심스러워하며, 초심을 잃지 않으려 애쓴다. 구독자가 한 명이든 30만 명이든 자신은 언제나 책을 참 좋아하는 평범한 사람일 뿐이라는 그의 말은 그래서인지 더 진실한 울림으로 다가온다.

비움, 또 비움

책한민국 님의 차분한 책 리뷰는 꼭 필요한 가구만 놓여 있는 정갈한 공간 같다. 더할 것도 뺄 것도 없는 그곳에서 사람들은 더없이 편안한 마음으로 그가 건네는 이야기에 귀를 기울인다. 모든 것이 넘쳐나는 요즘 세상에서 이런 담백함은 오히려 반갑다. 듣는 이에게 생각할 자리를 열어주는 이러한 비움이야말로 다음 영상을 기대하게 만드는 최고의 미덕이 아닐까.

이 그림을 스마트폰 카메라로 비춰 보세요.
화면을 터치하면 써니즈 : 함께 성장 님의 목소리를 들어볼 수 있어요.

아낌없는 솔직함

써니즈 : 함께 성장

수줍게 웃는 그를 보니
저절로 마음이 편안해졌다.
첫 대화를 어떻게 시작할까 고민했던 일이
바보처럼 느껴졌다.

한 사람의 등장이 때론 장소의 색깔을 바꾸기도 한다.

장마 끝에 찾아온 맑은 날씨에 들뜬 마음으로 고속 열차에 훌쩍 올라탔다. 그런데 대전역에 가까워질 즈음 창밖 너머 보이는 산봉우리 하나가 하얀 구름을 수염처럼 두르고 있었다. 뒤이어 촉촉하게 젖은 땅이 눈에 들어왔다.

도착해 보니, 아니나 다를까, 굵은 빗줄기가 바닥을 세차게 두드리고 있었다. 아차 싶었다. 오랜만의 기차 여행에 마음을 빼앗겨 날씨를 제대로 챙기지 못한 탓이었다. 약속한 시각보다 앞서 도착한 탓에 시간 여유가 제법 있었다. 대전역 이곳저곳을 기웃거리며 어떤 우산을 사야 하나 고민하고 있는데, 앉고 선 이들 사이로 커다란 우산을 들고 걸어오는 한 사람이 눈에 들어왔다. 제법 떨어진 거리에서도 얼굴을 한눈에 알아볼 수 있었다.

발걸음이 저절로 그쪽으로 향했다. 첫 대면의 어색함은 저 멀리 달아났다. 비 오는 날, 우산을 챙겨들고 마중을 나와 준 모습에 고마움이 몽글몽글 피어났다. 낯설었던 대전역이 맑은 하늘색으로 물들기 시작했다. 다가가 인사를 건네니 써니즈 님의 두 눈이 동그랗게 커졌다. 조금 놀란 눈치였다. 자기소개를 했더니 환한 미소가 돌아왔다.

"작가님이셨군요. 전 또…, 방금 신기한 일이 있었거든요."

알고 보니, 조금 전에 구독자 한 분이 써니즈 님을 알아보고 반갑게 다가와 인사를 건넸다고 했다.

"길에서 누군가가 절 알아본 건 처음이었어요."

이렇게 말하며 수줍게 웃는 그를 보니 저절로 마음이 편안해졌다. 첫 대화를 어떻게 시작할까 고민했던 일이 바보처럼 느껴졌다. 그리고 이어진 시간은 충실했다. 식사를 마친 뒤 써니즈 님이 미리 예약해 둔 스튜디오로 자리를 옮겼다. 본격적인 인터뷰가 시작되었다. 많이 질문했고, 많은 대답이 돌아왔다. 며칠 동안 나눌 대화를 한 번에 모두 나눈 느낌이었다. 오후를 통째로 전세 내어 마련해 둔 시간이 눈 깜짝할 사이에 흘러갔다. 이야기를 한가득 가슴에 안고 집으로 돌아오는 기차 안에서 문득 이런 생각이 들었다.

'오늘도 많은 것을 배웠구나.'

말보다는 행동으로 깨달음을 주는 사람이 있다. 자신의 삶터로 찾아온 이에게 정성을 다하는 모습을 보며, 진짜 배려란 이런 것이구나 하는 생각이 들었다. 이 고마움을 오래오래 새겨둬야겠다고 마음먹었다. 한 분야에서 성공한 사람에겐 자신만의 보물이 하나씩 있다는 진리를 새삼 실감하는 순간이었다. 지금도 기억에 선한 건물 꼭대기 층 새하얀 스튜디오에서 나눈 이야기를 지금부터 풀어놓으려 한다.

이렇게 첫 만남을 따뜻하게 만들어 주셔서 감사합니다.

어휴, 뭘요. 대전까지 일부러 찾아와 주셨는데요. 그런데 걱정이에요. 제가
낯을 가리는 데다 말도 좀 느리게 하는 편이거든요. 오늘 모쪼록 충실한
인터뷰가 되어야 할 텐데….

**남모를 걱정이 있으셨군요. 말이 느리면 그 안에 진심이 곧잘 담기지요. 그
래서인지 인터뷰 내용이 깊어지곤 합니다.**

그 말씀을 들으니 마음이 조금은 가벼워진 느낌이에요. 감사합니다.

써니즈 님이 올려둔 영상을 보면 그런 면이 전혀 느껴지지 않던데요.

유튜브를 해 보기로 결심했을 때부터 그 부분이 항상 마음에 걸렸어요. 제
목소리가 남달리 좋은 것도 아니고, 발음이 눈에 띄게 정확한 편도 아니거
든요.

'나 같은 사람도 괜찮을까? 괜한 일 시작했다가 욕만 먹는 거 아닐까?'

그런 생각을 하다가 일단 해 보기로 마음을 냈어요. 처음엔 영상 하나 만

드는 데 꼬박 며칠이 걸렸어요. 완성한 영상을 유튜브에 올리고 나니 가슴이 두근두근 하더라고요.

그렇게 몇 개쯤 올렸을 때, 역시나 목소리에 관한 댓글이 달렸어요. 칭찬은 없고, 목소리가 마음에 들지 않으니 앞으로 이런 거 하지 말라는 내용이었어요. 스스로 알고는 있었지만, 그래도 좀 충격이었어요. 그때 제 영상을 봐주는 사람이 100명이 채 안 됐거든요.

마음에 생채기가 났겠어요. 어떻게 이겨냈나요?

지금은 그래도 많이들 익숙해 지셨는지 제 목소리가 싫다는 분은 거의 없는데, 그땐 정말 어떻게 해야 할지 모르겠더라고요. 여러 날을 생각하다가, 문득 이런 생각이 들었어요.

'바꿀 수 없는 건 어쩔 수 없잖아. 내가 할 수 있는 걸 해 보자.'

제가 생각의 전환이 빠른 편이에요. 일단 마음을 먹으면 행동으로 옮기기까지 시간이 짧아요. 타고난 목소리는 바꾸기 힘들잖아요. 그래서 발음을 정확하게 만드는 일에 매진하기로 했어요.

발성을 배우는 영상도 찾아보고, 녹음하기 전에 아무리 귀찮아도 입을 푸는 연습을 꼭 했어요. 단번에 달라진 건 아니지만, 그런 시간이 꾸준히 쌓이니까 조금씩 좋아지는 걸 스스로 알겠더라고요. 하지만 아직도 여전히 자신이 없어요, 하하.

쉽지 않은 일을 해내셨네요. 그런 마음을 먹기까지 고민도 많았겠어요. 처음 유튜버가 되어 보기로 결심한 건 언제였나요?

6년 동안 밤낮없이 일하던 회사를 그만둔 뒤 좀 쉬고 싶어서 제주도로 여행을 떠났어요. 딱 열흘을 머물렀는데, 일하던 습관을 버리질 못해서 거기까지 노트북을 들고 갔어요. 아무 생각 없이 푹 쉬다 왔으면 좋았을 텐데, 그때는 왠지 마음이 조급했어요. 지금 생각해 보면, 뭔가 보여줘야 한다는 생각이 컸던 것 같아요.

유튜브에 영상을 올려 봐야겠다고 생각하게 된 게 그즈음이었어요. 아무래도 저한테 익숙한 매체였기 때문인 것 같아요. 제가 군대에 있을 때부터 틈만 나면 유튜브를 봤거든요. 그리고 사실, 별다른 밑천이 들지 않는다는 이유도 컸던 것 같아요.

처음부터 마음공부나 동기 부여에 관한 영상에 뜻을 두었던 건가요?

아니에요. 이것저것 여러 가지를 올렸어요. 채널을 여러 개 만들어 놓고, 여기에는 먹방, 저기에는 여행, 그렇게 다양하게 시도했어요. 사실 그런 주제를 고른 이유는 단순했어요. 내가 먹는 걸 좋아하니까 먹방도 찍어 보고, 돌아다니는 걸 좋아하니까 여행 영상도 만들어 보고, 그런 생각이었어요. 책을 소개하는 채널도 있었는데, '트렌드 코리아'라는 책을 요약해놓은 적이 있었거든요. 근데 그 영상을 올려놓고 며칠이 지났는데, 조회수가 이상한 거예요. 그때만 해도 매일 틈만 나면 제 채널의 구독자 숫자와 조회수 통계를 확인하곤 했어요. 크리에이티브 스튜디오라고, 자기 채널을 자세하게 분석해서 보여주는 페이지가 있거든요. 그날도 거기 들어갔는데, 평소에 보던 숫자가 아니었어요. 정신을 차리고 다시 봤더니, 그 영상의 조회수가 1,000이 넘었더라고요. 그래서 그때 생각했어요.

'아무래도 책이 내가 가야 할 길인가보다.'

그 길로 다른 채널을 모두 정리하고 책 관련 채널 하나만 남겼어요. 그러고 나서 어떤 책을 주제로 삼을까 고민을 했는데, 아무래도 마음공부나 동기 부여 쪽에 마음이 끌렸어요. 그때 제가 한창 그런 책에 관심을 두고 있었거든요. 사실 어떤 책은 이해가 가고, 또 어떤 책은 읽어도 잘 모르겠고…. 문득 이런 생각이 들었어요.

'그래, 이해가 가면 가는 대로, 안 가면 안 가는 대로 솔직하게 영상을 만들어 보자. 그러다 보면 뭔가 배우는 게 있겠지.'

그런 마음으로 써니즈라는 닉네임 옆에 '함께 성장'이라는 말을 덧붙였어요. 앞으로 이 일을 꾸준히 해서, 저도, 제 영상을 보는 분들도 함께 얻는 게 있으면 좋겠다는 생각으로요.

'써니즈 : 함께 성장' 채널의 로고가 두 사람이 나란히 걸어가는 모습처럼 보여서 인상적이었어요. 그럼 닉네임인 써니즈는 '햇살이 눈부신'이란 의미인가요?

아, 써니즈요. 예전에 창업을 했을 때 만들어 둔 이름이에요. sun(태양)과 needs(고객의 요구)를 합해서 만들었어요. '써니즈 : 함께 성장' 채널의 로고는 만들어 놓고 저도 혼자서 흐뭇해했어요. '오, 그럴듯하다.' 하면서요.

북튜버가 되기 전에 6년 동안 다녔던 회사 이야기를 좀 해주세요.

그 회사에 들어갔던 시기는 마음이 공허하던 때였어요. 큰 꿈을 안고 시작했던 사업을 막 접은 뒤라 자신감이 많이 떨어져 있었거든요. 제가 지원할 당시에 그 회사는 마트 전단을 만들고 인쇄하는 일을 하는 곳이었어요. 그런데 사장님이 제 이력서에서 창업을 해 봤다는 내용을 보고 퍽 마음에 드셨던 모양이에요. 들어가자마자 저한테 작은 팀 하나를 맡기시더니, 회사가 할 수 있을 만한 새로운 일을 찾아보라고 하시더라고요. 사실 제가 대학에 다닐 때 공모전 동아리를 오래 했던 터라 기획서를 만드는 일에 익숙했거든요. 그래서 맡겨주신 일이 생각보다 어렵지 않게 느껴졌어요. 제법 재미도 있었고요.

그런데 그건 혼자만의 생각이었는지, 몇 달이 지나도록 별다른 성과가 없는 거예요. 공개적으로 경쟁이 가능한 일에 기획서랑 제안서를 여럿 넣어 봤는데, 어디서도 연락이 없더라고요. 그래서 눈치를 보고 있는데, 사장님이 아무렇지도 않게 그러시더라고요.

"어디 한술에 배부른 일 있나. 새로운 일거리를 찾아내는 건데. 자네를 믿네. 그냥 쭉 해 봐."

그 말씀이 진심일까 고민하면서 그 후로도 계속 아이디어를 찾고, 기획서를 넣으면서 시간이 갔어요. 그런데 일 년쯤 지났을 때부터 하나 둘 연락이 오더라고요. 그 덕분에 사업 영역이 다각화되고, 회사가 조금씩 커졌어요. 나중에 보니, 수익이 거의 열 배로 늘었더라고요.

정말 쉴 틈 없이 일했겠어요.

맞아요. 제가 뭘 하든 사장님이 믿어주시는 게 신이 나서 정말 열심히 했어요. 그러다 보니 매출도 늘고, 직원도 점점 많아졌어요. 어느새 정신을 차리고 보니, 제가 제법 높은 자리에 올라가 있더라고요. 차장으로 불리긴 했지만요. 젊은데 직책이 너무 높으면 밖에서 보기에 이상하다고 사장님이 그냥 그렇게 부르라고 하셨어요, 하하.

고속 성장을 곁에서 함께했는데, 회사를 그만둔다고 하니 사장님의 반대가 컸겠어요.

네, 무척 안타까워하셨어요. 저한테 그러시더라고요. 이제 겨우 열매를 맛보게 되었는데, 고생만 한 네가 그걸 누리지 못하면 어떻게 하냐고요. 그래도 제가 고집을 부리니까, 6개월 동안 월급을 넣어줄 테니 좀 쉬고 오라고 하셨어요. 그래도 생각이 바뀌지 않으면 제 뜻을 따르겠다면서요.

회사를 그만둘 때 아쉬움이 없었던 건 아니에요. 하지만 이곳에선 더 이상 할 일이 없겠다는 생각이 컸어요. 제 안에 있는 걸 모두 쏟아 부었거든요. 그래서 과감하게 미련을 떨칠 수 있었어요.

가진 것을 포기하고 훌훌 털고 나오기가 쉽지 않은데요, 마음먹은 걸 행동으로 옮기는 힘이 강해 보입니다. 어릴 때도 그런 성격이 두드러졌나요?

글쎄요, 아니었던 것 같아요. 제 안에 그런 면이 있었을지 모르지만, 겉으로 드러나진 않았어요. 어린 시절을 떠올려 보면, 오히려 소극적이었다는 표현이 더 맞을 거예요. 중학생 무렵에 잠시 엇나가기도 했는데, 그것도 표 안 나게 수업 끝나고 밖에서 몰래 했어요. 저를 맡아 키워주신 큰아버지한테 폐 끼치지 않으려는 생각이 컸던 것 같아요.

이렇게 말씀을 듣고 보니, 문득 궁금해집니다. 써니즈 님의 어린 시절은 어떤 빛깔일까요?

색깔이라, 그런 생각은 해 본 적이 없어서요. 음…, 노란색이요. 활짝 핀 개나리 같은. 제 어린 시절이 평탄하진 않았어요. 부모님과 떨어져 지내야 했거든요.

제가 아주 어렸을 때 두 분이 이혼이라는 선택을 하셨어요. 아버지가 사업에 실패한 뒤 가족들에게 경제적인 부담을 지우지 않으려고 그런 결정을 내린 것 같아요. 그러고는 잠시 엄마랑 살다가 둘째 이모 집에 맡겨졌어요. 형들과 여기저기 뛰어다니던 기억이 어렴풋이 나요. 그리고 얼마 지나지 않아서 그 집을 떠나야 했어요. 이모가 무척 슬퍼했는데, 친가에서 저를 데리러 와서 어쩔 수 없었다고 나중에 말씀하시더라고요.

친가로 돌아와서 제가 맡겨진 곳이 작은아버지 댁이었어요. 하지만 작은아버지와 작은어머니가 이혼을 하셨고, 그 뒤 저는 다시 큰아버지 댁으로 가야 했어요. 어린 마음에 작은아버지 댁의 불행이 꼭 나 때문인 것 같아서 마음이 움츠러들었어요. 그런데 몇 년 지나지 않아서 큰아버지와 큰어머니도 헤어지셨어요. 그런 상황에서도 큰아버지는 계속 제 보호자가 되어주셨고, 그 후로 계속 큰아버지 밑에서 지냈어요.

어린 시절에서 노란색을 떠올린 건 아마도 할머니 댁에서 뛰어놀았던 기억 때문인 것 같아요. 그래도 걱정 없고 행복했던 그 때 기억 속에 뒷마당에서 보았던 노란 개나리가 희미하게 남아 있어요.

왠지 그 노란색에 기쁨과 슬픔이 함께 스며 있다는 생각이 드네요. 아주 어릴 때 어머니와 헤어졌는데, 그리움이 무척 컸겠어요.

부모님의 이혼 후 엄마와 지냈던 때가 세 살 무렵이었는데, 그때 기억이 아직도 머릿속에 있어요. 그 기억을 놓치면 엄마와의 접점이 사라져 버릴까 봐 두려웠어요. 그래서 계속 머릿속에 되새겼어요. 절대 잊지 않으려고요. 그때 엄마와 함께 살았던 작은 방이랑 그 집 주변의 풍경, 그리고 가끔 찾아왔던 손님까지 전부 기억이 나요.

나중에 대학생이 되었을 때 엄마와 다시 만날 수 있었어요. 그때 세 살 무렵 이야기를 했더니, 옆에 있던 이모가 깜짝 놀라더라고요. 그 어릴 적 기억을 어떻게 지금까지 하고 있느냐면서요. 절실함은 작은 기억의 조각까지 간직하게 만드는 것 같아요.

여러 감정이 제게도 밀려오네요. 남몰래 간직했던 어릴 적 기억이 써니즈 님의 마음에 어떤 씨앗을 남겼을까요?

인정과 성공에 대한 갈구가 아닐까 싶어요. 아직도 어렴풋하게 기억이 나요. 낯선 어른들이 집 앞으로 찾아왔던 일이요. 나중에 생각해 보니 사채업자였던 것 같아요. 아버지 사업이 어려워질 무렵에 일어났던 일일 거예요. 그런 기억이 어디까지 영향을 줬는지는 모르지만, 얼른 성공해서 남들한테 보여줄 만한 사람이 되어야겠다는 생각이 마음 한구석에 항상 있었어요.

대학에 다닐 때 공모전 동아리에 들어가서 밤낮없이 기획안에 매달린 것도 빨리 성과를 내서 인정받고 싶다는 마음이 컸던 탓일 거예요. 그래서 일찌감치 창업을 했고, 결국 실패도 맛봤지요. 그런 조급함이 유튜브를 시작했던 초기에 절 많이 힘들게 했던 것 같아요.

'조회수를 어떻게 높이지? 구독자는 왜 이렇게 안 늘지?'

그런 생각에 사로잡혀서 휴대폰 화면에서 눈을 떼질 못했어요. 계속 숫자를 확인하느라. 다행히도 이제는 그런 조급함에서 많이 벗어났어요. 북튜버 일이 어느 정도 궤도에 올라서 그런가 봐요. 요즘엔 오히려 구독자 숫자가 빠르게 늘어나는 게 걱정이 되기도 해요. 제 그릇이 아직 그만큼은 되지 않는 것 같아서요.

이제는 많은 분들이 써니즈 님 채널에 주목하고 계신 것 같아요. 책에 관한 영상을 올리다가 인터뷰 영상을 찍게 된 계기는 무엇인가요?

마음공부에 관한 책을 계속 읽다 보니, 부족함이 많이 느껴졌어요. 지금 가는 길이 옳은 걸까 의문도 생기고, 앞으로 이 일을 계속해도 될까 걱정도 되더라고요. 무엇보다, 제 마음속에 쌓여가는 질문에 올바른 해답을 주실 분을 절실하게 만나 뵙고 싶었어요.

그래서 여러 분들께 이메일을 보냈어요. 인상 깊었던 책의 저자분께 편지를 쓰기도 하고, 마음이나 삶에 관한 동영상 채널의 주인공분들에게 제 고민을 남기기도 했어요. 그 가운데 법상스님도 계셨는데, 이메일을 드린 뒤 3개월쯤 되었을 때 연락을 받았어요. 인터뷰 허락을 구하고, 날짜를 정한 뒤에 얼른 찾아뵈었지요.

낯을 가린다고 했었는데요, 그럼 새로운 사람을 만나는 게 내심 두렵기도 하잖아요. 첫 인터뷰를 갖기 전에 많이 떨리진 않았나요?

떨었어요, 무척. 안절부절 못하고 뭘 어떻게 해야 할까 고민이 많았어요. 법상스님이 계신 곳이 사찰이다 보니 저한테는 무척 낯설었어요. 어떤 옷을 입고 찾아뵈어야 할지, 스님 앞에 앉을 때 어떤 자세를 취해야 할지, 첫 질문은 어떻게 꺼내야 할지 무엇 하나 확신이 드는 게 없더라고요.

찾아뵙기로 한 날 일찌감치 집을 나섰는데, 사찰에 도착한 뒤에도 머릿속에 고민이 한가득이었어요. 어렵게 마련한 인터뷰 기회인데 실수하면 어쩌나 하면서 스님이 계신 방에 들어섰는데, 너무 따뜻하게 맞아주셨어요. 두려움이 많이 가셨지요.

인터뷰를 한창 진행하다가 정말 궁금했던 점을 조심스레 꺼내서 여쭤봤어요. 지금 가는 길에 확신이 들지 않을 때 어떻게 하면 좋을까 하는 질문이었어요. 그때 스님이 해 주신 말씀이 지금도 기억에 남아요.

"일을 하면 할수록 마음이 편안해지면 그게 맞는 길입니다. 마음이 불편해지면 맞지 않는 길이고요."

법상스님과 인터뷰를 한 뒤 용기를 얻어서, 그 뒤로 다른 분들과도 선뜻 만날 수 있었어요. 그러다 보니까 영상도 조금씩 늘었고요.

다양한 분들과의 만남이 있었는데요, 혹시 인터뷰를 부드럽게 진행하는 비법이 있나요?

비법이랄 것까지는 없지만, 흐름에 맡기고 자연스럽게 두는 편이에요. 예전엔 질문지를 한가득 채우고 그걸 다 묻기 위해 애썼는데, 그러면 오히려 마음만 조급해 지더라고요. 그분들의 이야기에 귀를 기울이고, 그러다가 떠오르는 질문을 건네면 분위기가 훨씬 부드러워져요. 영상의 느낌도 자연스럽고요.

그래도 기본적인 질문은 필요할 것 같아서 질문지를 만들어 가긴 해요. 그런데 대부분 첫 질문 정도만 거기서 나오고, 나머지는 현장에서 모두 해결하게 되더라고요.

그렇군요. 여태까지 했던 인터뷰 가운데 가장 재미있었던 건 어느 분과의 만남이었나요?

잠깐만요. 고민을 좀 해 볼게요. 음…, 배민경 님이요. 정신세계사 편집자분이었어요. 그분이 제 채널을 가끔 보셨는지, 어느 날 저한테 메일을 주셨어요. 출판사에서 새 책을 냈다는 내용이었어요. 제목이 '마스터의 제자'였는데, 제가 그 출판사 책은 웬만하면 다 읽거든요. 그런데 막상 보니까 책이 너무 두껍더라고요. 그래서 차라리 만든 분한테 책 이야기를 듣는 게 좋겠다 싶어서 얼른 메일을 썼어요. 그래서 인터뷰 날짜가 잡혔어요.

그날은 평소와 다르게 가는 길도 찍고, 출판사 입구도 찍고 그랬어요. 좀 색다르게 해 볼까 싶어서요. 정신세계사에서 영성이나 깨달음, 그런 책을 많이 만드는데 저도 그쪽에 관심이 많아요. 배민경 님이 3년차 편집자인데, 어릴 때부터 워낙 그 분야를 좋아했대요. 그래서 대학을 졸업할 무렵에 정신세계사로 직접 자기소개 메일을 보냈대요. 꼭 입사하고 싶다고요.

사실 평소에 정신적 깨달음, 영적 에너지, 그런 이야기를 할 기회가 거의 없거든요. 그래서인지 인터뷰를 하는 내내 무척 재미있었어요.

그 편집자분도 인터뷰를 하고 나서 뿌듯했을 것 같아요. 써니즈 님의 영상을 보면, 자칫 어려울 수 있는 내용을 편안하게 풀어주고 있더라고요. 책을 읽지 않는 시간에도 인간의 내면과 존재에 관해 고민을 종종 하시나요?

일부러 하려고 애쓰진 않지만, 떠오르는 생각은 그대로 흘러가게 두는 편이에요. 그러다 보면 작은 깨달음이 오기도 하고, 풀리지 않던 고민이 어느새 해결되기도 하거든요.

책을 읽다가 이해하기 어려운 부분이 나올 땐 어떻게 하나요?

편안하게 넘겨요, 미련 두지 않고요. 깨달음은 고정되어 있는 것이 아닌 것 같아요. 예전에 몰랐던 부분도 지금 보면 어느 정도 이해가 가기도 하고,

그때 했던 생각이 뒤늦게 달라지기도 하고. 같은 문장을 읽고 예전과 다른 깨달음이 드는 경우도 많아요. 그럴 땐 고민이 돼요. 과거에 했던 이야기가 있으니까요. 그래서 그런 고민들까지 영상에 솔직하게 담아요. 그렇게 하루하루 배우고 쌓아가는 것 같아요.

그런 솔직함이 마음에 남네요. 그럼 삶에 있어 행복이란 어떤 걸까요?

글쎄요, 마음이 점점 편안해지는 거? 그런 게 아닐까요? 제가 감정을 치유하고, 마음속 상처를 어루만지고, 그런 책들을 가까이 하면서 문득 깨달은 사실이 있어요.

'삶은 나를 위해 존재한다. 그런 삶이 나에게 나쁜 것을 줄 리가 없다.'

내가 겪은 일들에는 이유가 있고, 결국 좋은 방향으로 흘러갈 거란 믿음이 생겼어요. 그런 믿음이 제 삶을 좀 더 행복하게 해 주는 것 같아요.

책을 보지 않는 시간엔 주로 무엇을 하나요?

그냥 일상적인 것들을 해요. 빨래도 하고, 청소도 하고, 고양이한테 밥도 주고. 그러다가 문득 어떤 책으로 영상을 만들까 생각도 하고요.
외출을 할 때면 서점에 곧잘 들르는데, 이게 참 묘해요. 일단 가면 욕심이 나니까 보통은 살 책을 정해 놓고 가거든요. 그런데 막상 그 안에 들어서면 이 책도 사고 싶고, 저 책도 갖고 싶고 자꾸 손이 가요. 그렇게 한가득 안고 온 책들 가운데 안 읽고 쌓아둔 책도 제법 돼요. 하하.
온종일 집에 있을 땐 친구들과 전화로 이런 저런 이야기를 나누기도 해요. 중학생일 때 한창 붙어 다녔던 친구들이 저까지 11명인데, 지금도 제법 친해요. 일 년에 두 번은 꼭 얼굴을 보는데, 여전히 서로 할 말이 많아요. 저녁에는 운동 삼아 탁구도 치고, 일주일에 한 번은 밴드 연습을 하러 가요. 제가 베이스 기타를 맡고 있거든요.

특별한 취미를 갖고 계시네요.

네, 저한테 표현 욕구가 있는 것 같아요. 뭔가 분출하고 싶은데, 노래는 힘드니까 악기 쪽으로 눈을 돌렸어요. 밴드 사람들이랑 이 곡 저 곡 맞춰 가다 보면 기분이 좋아져요. 그래서 연습에 빠지지 않도록 애쓰고 있어요.

최근에 책을 한 권 쓰셨잖아요. 제목을 '1일 1답'으로 하셨던데, 독특한 느낌이 들었어요.

제가 그동안 하루에 한 개씩 영상을 올렸어요. 그러면서 작은 배움이라도 얻으려고요. 그런 의미를 담아서 지었어요.

책 속에 본인의 이야기를 진솔하게 담았는데, 힘들진 않았나요? 자신의 삶을 있는 그대로 내보이는 게 쉽지만은 않은데요.

왠지 녹음할 때랑 비슷한 느낌이 들었어요. 어떤 말을 해야 할까 고민할 땐 힘들었는데, 일단 방향을 잡고 나니까 금세 몰입이 되더라고요. 잘 쓴 글인지 못 쓴 글인지 알 수는 없었지만, 그래도 키보드 앞에 앉으면 쉬지 않고 계속했어요.

다행히 책을 기획해 주신 분이 제가 쓴 글 가운데 어떤 부분을 남기고, 어떤 부분을 빼면 좋을지 여러 모로 상의를 해 주셔서 마음 편하게 작업할 수 있었어요.

써니즈 님의 이야기를 듣다 보니 시간이 훌쩍 흐르네요. 인터뷰가 어느새 막바지를 향해가고 있어요. 여태껏 꾸준히 노력한 덕분에 고유의 영역을 만들어가고 계시잖아요. 누군가가 북튜버를 해 보겠다고 한다면, 그 사람에게 꼭 들려주고 싶은 말이 있나요?

계획대로 안 되는 것에 더 초점을 두라고 말해주고 싶어요. 우리가 뭔가를 해 보겠다고 마음을 먹으면 제대로 계획을 세워야겠다는 비장한 생각이 먼저 들잖아요. 그러다가 그대로 되지 않으면 실망을 하고요. 그런데 알고 보면, 계획대로 되지 않을 때 그 안에 답이 있는 경우가 더 많아요. 계획은 보통 알고 있는 범위 안에서 세우잖아요. 그러다 보니 독창성이 들어갈 여지가 별로 없어요. 그런데 유튜브는 독창성이 절대적으로 필요한 분야예요. 책을 다루는 북튜버도 마찬가지고요.
여행을 갔다가 길을 잃었을 때 오히려 생각지도 못했던 풍경을 발견하기도 해요. 일도 마찬가지예요. 의도하지 않았던 상황에서 힌트를 발견하는 경우가 많아요. 불확실성을 두려워하지 마세요. 거기서 더 좋은 길을 찾을 수 있어요.

멋진 말씀이네요.

저도 지금 말해 놓고, '오, 이번에 괜찮았다.' 생각했어요.

하하, 그렇군요. 이제 두 가지 질문을 남겨 놓고 있습니다. 가장 소중한 사람에게 단 한 권의 책을 선물할 기회가 생긴다면, 그때 건네고 싶은 책은 무엇인가요?

저한테 가장 소중한 사람이 제가 관심 있어 하는 분야에 전혀 흥미가 없어요. 그래서 한 번도 책을 추천해준 적이 없거든요. 그런데 딱 한 권을 선물한다면…. '고요함의 지혜'요. 에크하르트 톨레가 쓴.

제가 선물해도 그 책을 읽어 줄진 잘 모르겠어요. 그래도 언젠가 읽게 된다면 참 좋을 것 같아요. 일단 얇은 책이라 부담이 없어요. 그리고 잠깐 펼쳐 보기만 해도 마음이 무척 편안해져요. 가장 좋은 점은, 한 번 볼 때랑 두 번 볼 때랑 느낌이 전혀 다르다는 거예요. 언제 보아도 참 좋은 책이에요.

이제 한 가지 질문만 남겨 놓고 있네요. 언젠가 마지막 영상을 녹음할 시점이 온다면, 그때 어떤 이야기를 하게 될까요?

마지막 영상이라…. 맞아요, 분명 그런 날이 오겠네요. 그때가 오면 떠오르는 솔직한 감정을 이야기할지도 모르고, 아니면…, 아무 말도 하지 않을지도 모르겠어요. 만약 침묵을 택한다면, 영상 앞쪽에서는 그동안 해왔던 일들을 정리하고, 마지막 순간에 얼굴을 한번 보여주고 그렇게 끝낼 것 같아요.

그 마지막 순간에 활짝 웃을 것 같은가요, 아니면 살짝 눈물지을 것 같은가요?

아쉬움은 남겠지만, 그래도 활짝 웃을 것 같아요. 언젠가 채널을 닫는 날이 온다면, 분명 제 스스로의 의지로 내린 결정일 거예요. 열심히 달려왔고, 더 이상 보여줄 것이 없다는 생각이 들어서겠지요. 그동안의 작업을 정리해 보면서, 슬프기보단 오히려 후련한 마음이 들 것 같아요.

하루하루 열심히 살고 계시니까, 언젠가 그런 결정을 내리는 시점에서도 분명 후련함이 클 거란 생각이 듭니다. 오늘 하루, 무척 의미 있는 시간이었어요. 대전이라는 도시가 이제 무척 가깝게 느껴지네요. 함께해 주셔서 감사합니다.

벌써 시간이 이렇게 되었네요. 긴 시간이었는데 그런 느낌이 전혀 들지 않았어요. 즐거웠습니다. 이제 소중한 사람을 데리러 갈 시간이네요.

고요함의 지혜

에크하르트 톨레 지음

20여 년 전에 처음 출간되었지만 여전히 생명력을 갖고 있는 스테디셀러 도서. 142쪽의 부담 없는 두께가 인상적이다. 책의 첫머리에 이런 말이 나온다.

"다가온 고요함을 바라보고 주시하라. 밖의 고요함에 귀를 기울이면 안의 고요함이 깨어난다."

길지 않은 글이 여백과 어우러져 페이지 안에 담겨 있다. 어떤 곳을 먼저 펼쳐도 상관없다는 것이 글쓴이의 의도다. 심지어 제 1장 '안과 밖의 고요함' 부분만 읽어도 책의 핵심은 모두 파악한 것이라는 에크하르트 톨레의 통 큰 장담이 책의 가치를 더욱 돋보이게 한다.

이 책을 구입한다면, 손닿는 곳에 두고 가끔씩 펼쳐 보길 권한다. 마음이 시끄러울 때 고요함을 불러올 수 있는 책이다.

써니즈 : 함께 성장 편

담백한 음성

써니즈 님 본인은 목소리에 자신이 없다고 거듭 밝히지만, 부담을 주지 않는 담백한 음성은 의외의 힘을 발휘하는 요소다. 써니즈 : 함께 성장 채널에는 무거운 주제를 지닌 책들이 제법 등장한다. 그런 주제를 가능하게 만드는 것이 바로 담백한 목소리. 갓 지은 현미밥처럼 담담한 음성이 청취자의 부담을 반으로 줄여준다. 그래서일까. 일단 들어나 보자는 생각이 슬그머니 고개를 들곤 한다.

꾸밈없는 태도

아는 만큼만 이야기한다는 그의 말은 결코 거짓이 아니다. 마음공부에 관해 아무것도 몰랐던 자신이 조금씩 성장하는 모습을 보여주고 싶다는 채널의 취지처럼, 이해한 것을 솔직하게 풀어내는 태도가 청취자의 호감을 이끌어 낸다. 동영상에 달린 댓글에 유달리 진지한 내용이 많다는 것 또한 이 채널의 특징. 말하는 이의 꾸밈없는 태도는 듣는 이의 표현 욕구를 자극하는 법이다.

경청하는 자세

써니즈 : 함께 성장 채널에 올라온 인터뷰 영상들을 살펴보면 눈에 띄는 공통점이 있다. 바로 인터뷰를 진행하는 써니즈 님의 목소리가 매우 드물게 등장한다는 것. 상대의 말을 귀담아 듣고, 중간에 절대 끊지 않는다. 말하는 사람을 신명나게 만드는 최강 듣기 스킬은 인터뷰의 질을 드높이는 일등 공신이다. 수줍음이 많은 써니즈 님의 성격이 경청의 자세에 깊이를 더한다는 사실도 숨겨진 관전 포인트.

이 그림을 스마트폰 카메라로 비춰 보세요.
화면을 터치하면 소리 내어 읽다 님의 목소리를 들어볼 수 있어요.

삶의 소중함

소리 내어 읽다

그 여린 한 마디가 목에서 나왔을 때
그녀는 눈물겹게 깨달았다.
스스로 목소리를 낼 수 있는 기쁨에 비하면
다른 것은 아무 것도 중요하지 않다는 것을.

"스물아홉이 되던 해 겨울 무렵이었어요. 건강검진을 받으러 병원에 갔는데, 의사 선생님이 심각한 표정을 짓는 거예요. 가슴이 철렁 내려앉았죠."

온갖 기계 장치가 달린 검사 장비에 몸을 맡기고, 이 방 저 방 옮겨 다니며 새로운 기구 앞에 눕고 서고 한 지 여러 차례. 그리고 다시 진료실 의자에 앉았을 때 그녀는 숨이 턱 막히는 결과를 받아 들었다. 병명은 갑상샘암. 임파선까지 암이 번졌을 수 있으니 당장 수술을 받아야 한다고 했다. 더 기가 막힌 건 수술 부위가 성대와 워낙 가까워 목소리에 변화가 올 수도 있고, 심한 경우, 제대로 말을 할 수 없을지도 모른다는 이야기였다.

아나운서 생활을 시작한 지 5년째. 하지만 그녀는 목숨 앞에서 꿋꿋해졌다. 목소리를 내야만 하는 직업, 스스로의 정체성, 존재하는 의미. 그런 것들이 어깨를 강하게 짓눌렀지만, 그래도 그녀는 수술대 위에 올랐다. 일단 살아야 했다. 다른 것은 그 다음이었다. 갑상샘을 제거하는 수술을 받고, 마취에서 서서히 깨어났을 때, 떠지지 않는 눈을 힘없이 감은 채 그녀는 가만히 생각했다.

'내가 아직 살아 있구나. 목소리는…. 그래, 다시 돌아오지 않을 수도 있겠지….'

그래도 그녀는 자신을 마냥 버려두지 않았다. 퇴원을 한 뒤 하루도 빠짐없이 병원에 가서 재활 훈련을 받았다. 바람 소리밖에 나오지 않는 성대에 조금이나마 힘을 불어넣기 위해서였다. 반년이란 시간이 기약 없이 흐르고, 그녀 안에 남아 있던 용기가 조금씩 사그라져갈 무렵, 목에서 문득 '아' 하는 작은 소리가 터져 나왔다!

"그 순간을 지금도 잊을 수가 없어요. 더 이상 아무 것도 바랄 게 없었어요."

예전의 그녀는 어떻게 하면 목소리를 예쁘게 낼까 하는 생각에 골몰하곤 했다. 남들에게 우아하게 들리는 음성, 좀 더 아름다운 소리를 내는 것이 지상 과제였던 시절이 있었다. 하지만 그 여린 한 마디가 목에서 나왔을 때 그녀는 눈물겹게 깨달았다. 스스로 목소리를 낼 수 있는 기쁨에 비하면 다른 것은 아무 것도 중요하지 않다는 것을.

"유튜브를 처음 시작하는 분들이 가끔 저한테 음성 파일을 보내곤 하세요. 자신의 목소리를 평가해 달라고요. 그럴 때마다 생각해요. 나쁜 목소리는 세상에 없다고. 자신만의 소리를 낼 수 있으면 그게 제일 듣기 좋은 목소리예요."

지금도 소리 내어 읽다 님은 이른 새벽에 거실 등을 켜고 전날 골라둔 책을 낭독하기 위해 마이크를 켠다.

"잠을 푹 자고 일어난 뒤 이완된 성대에서 나오는 약간 덜 풀린 제 목소리가 좋아요. 맑은 느낌은 조금 덜해도, 뭐 어때요. 그게 가장 나다운 목소리인걸요. 그 시간이 저한텐 가장 편안하게 느껴지니까, 그때 하는 녹음이 가장 안정감 있게 들리더라고요."

그 말을 마친 뒤 그녀가 웃었다. 알알이 영근 석류알처럼 투명한 빛이 그녀 안에 기쁘게 넘실대고 있었다.

직접 마주하니 맑음이 더욱 느껴집니다. 구독자분들이 소리 내어 읽다 님을 소다 님으로 친근하게 부르더라고요. 저도 그렇게 불러 보려 합니다. 소다 님은 대학을 졸업하고 아나운서로 오래 일하셨지요. 방송국에서 주로 어떤 분야를 담당했나요?

처음에 맡았던 건 지역 소개 프로그램이었어요. 제가 일하던 방송국이 경기도 전역을 커버하는 곳이라 매일매일 다루어야 할 소식이 많았거든요. 그런데 규모가 크지 않다 보니, 신입 사원인 저한테 여러 가지 일이 맡겨졌어요. 프로그램 앞머리 대사도 쓰고, 직접 취재도 다니고, 내보낼 기사도 뽑고, 여러 모로 할 일이 많았어요. 나중엔 공익 광고 카피까지 썼다니까요, 하하.

한동안 그렇게 정신없이 일하다가, 나중에는 대담 프로그램을 맡았어요. 공공기관의 높은 분들을 모셔 놓고 새로운 정책이나 행정 방향 같은 것을 묻는 구성인데, 제 목소리가 거기에 어울린다고 하더라고요. 사실 제가 말하는 것보다 듣는 걸 더 잘하거든요. 아무래도 그 영향이 크지 않았나 싶어요. 프로그램에 출연하는 분들이 할 말을 많이 준비해 오시니까, 그런 일에 적합한 진행자가 필요했던 것 같아요.

무척 다양한 일을 해내셨네요. 그러고 보니 라디오 프로그램의 디제이가 되는 것이 오랜 꿈이었다고요. 버스에서 나오는 방송을 듣기 위해 일부러 내려야할 곳을 지나치기도 했다던데요, 당시 귀 기울여 듣던 프로그램은 무엇이었나요?

별밤이요. '별이 빛나는 밤에'를 그렇게 줄여 불렀거든요. 고등학생 시절에 야간자율학습이 끝나고 밤늦게 버스에 올라타면 이문세 씨의 목소리가 한창 흘러나오곤 했어요. 다들 노래를 기다렸다던데, 저는 신기하게도 디제이가 하는 이야기가 좋았어요. 그래서 라디오에서 말소리가 나오면 귀를 쫑긋 세우고 한 마디라도 놓칠까 봐 마음을 졸였어요.

왜, 노래 사이에 애청자 사연을 소개하면서 디제이가 이야기를 덧붙이곤 하잖아요. 그걸 듣느라고 내려야 할 정류장에 버스가 섰는데도 모른 척 자리에 앉아 있기도 했어요. 당시만 해도 라디오에서 나오는 말은 전부 디제이가 하는 건 줄 알았어요. 나중에 방송 작가가 쓴다는 걸 알고 충격을 받았던 기억이 나요. 하하.

잔뜩 집중하며 버스 안에 앉아 있는 소녀의 모습이 눈에 선하네요. 문득 소다 님의 학창시절이 궁금해집니다. 차분하고 침착한 학생이었을 것 같은

데, 그때 이야기를 조금만 들려주세요.

저는 무척 조용한 아이였어요. 몸이 약한데다 남의 눈에 띄는 게 부담스러워서 최대한 조심스럽게 행동했어요. 그래서 나중에 아나운서가 되었을 때 주위 사람들이 다들 고개를 갸웃했어요. 어떻게 그런 일을 할 엄두를 냈냐면서요.

지금 생각해도 신기한 건, 유난히 낯을 가리던 제가 친한 친구들 앞에서는 수다스러웠어요. 밤늦게 하는 드라마를 즐겨봤는데, 다음날 학교에 가면 다들 제 주위로 모여들곤 했어요. 제가 말해주는 줄거리가 재미있다면서요. 내용을 자세하게 들려줬는데, 그게 제법 흥미진진하게 들렸나 봐요.

친구들 사이에서 이야기꾼으로 통하셨군요. 참, 딸 부잣집 셋째라는 이야기에 친근한 마음이 들었습니다. 자매가 많으면 다른 집보다 정겹기도 하고 복닥거리기도 하지요. 어릴 적 기억 가운데 잠시 떠오르는 것이 있을까요?

당시엔 딸이 서넛인 집이 제법 많았던 것 같아요. 우리 집은 딸만 넷이었는데, 아무래도 비슷한 또래다 보니 작은 일로도 티격태격하는 일이 잦았어요. 어릴 땐 인형이나 책 같은 걸로 다투고, 나중에 커서는 옷이랑 구두로 옥신각신했어요. 공교롭게도. 네 자매가 체격이 비슷했거든요. 발 사이즈까지 차이가 없어서 매일 아침마다 옷이랑 구두 쟁탈전이 벌어졌어요. 먼저 집어 드는 사람이 임자니까요.

저는 셋째고, 막내 동생과 다섯 살 차이가 나는데, 새 옷을 사두면 그 애가 귀신같이 알아챘어요. 꼭 레이더가 달린 것처럼요. 지금도 그렇지만 동생이 예전부터 패션에 관심이 많았어요. 멋진 옷이라면 자다가도 벌떡 일어

날 정도로요. 한번은 방송할 때 쓰려고 마련해 둔 구두를 동생이 훌쩍 신고 나가서 그걸 찾느라 한바탕 소동이 일어난 적도 있어요.

그런 활기찬 일상이 소다 님의 오늘을 만든 것 같네요. 책을 소리 내어 읽게 되면서 비로소 독서의 진한 맛을 알게 되었다는 말씀을 듣고 닉네임의 의미를 짐작할 수 있었는데요, 처음부터 '소리 내어 읽다'를 염두에 두고 계셨던 건가요? 후보로 생각했던 다른 닉네임이 있었는지 궁금합니다.

평소 같으면 제가 닉네임 때문에 엄청나게 고민을 했을 거예요. 뭔가를 결정해야 할 때마다 생각이 워낙 많거든요. 그런데 '소리 내어 읽다'는 일 분도 안 돼서 정했어요. 제가 종이 위에 끄적대길 잘하는데, 그날도 별생각 없이 이 글씨 저 글씨를 써보고 있었어요. 그런데 좀 전에 쓴 글씨 하나가 문득 눈에 들어오는 거예요. 그 순간 생각했지요.

'아, 이거 좋다!'

사진으로 찍어서 얼른 보냈더니, 제 친구가 남편분께 부탁해서 그걸 로고로 만들어줬어요. 유튜브 영상에 들어 있는 하얀 로고가 바로 그거예요. 동그라미 안쪽의 글씨를 보면 지금도 신기한 생각이 들어요. 플러스펜으로 우연히 쓱 하고 쓴 거라서요. 그러고 보면 닉네임도 닿는 인연이 있나 봐요.

꼭 맞는 이름이 제대로 주인을 찾은 느낌입니다. 소다 님은 아나운서로 오래 일하셨지요. 그 경험이 북튜버 일에 적지 않은 도움이 되었을 것 같아요. 그런데 유튜브를 해볼까 생각을 했을 때 망설이진 않으셨나요? 말의

무게를 누구보다 잘 알고 있으니까요.

예전에 아나운서 일을 할 땐 한 마디 한 마디가 정말 힘겹게 입에서 나왔어요. 이 말을 해도 될까, 이 상황에 적절할까, 언제나 고민을 했던 것 같아요. 그런데 유튜브에 낭독 영상을 올려보기로 마음을 먹었을 땐 이상하리만큼 마음이 편했어요.

'막상 올려도 들어줄 사람이 별로 없을 거야.'

이렇게 터놓고 생각한 것도 한 가지 이유겠지만, 무엇보다 꿈꾸던 일을 직접 해볼 수 있다는 설렘이 컸어요. 소심했던 제가 없는 용기를 짜내어 방송국의 문을 두드린 건, 사실 이금희 아나운서 때문이었어요. 당시엔 방송 프로그램의 내레이션을 성우가 하는 것이 원칙이었는데, 그 관례를 깨고 인간극장의 내레이션을 맡은 분이 바로 이금희 씨였거든요. 그분처럼 방송에서 따스한 목소리를 들려주는 게 제 오랜 꿈이었어요. 그런데 북튜버를 시작하면서 그 일을 마침내 할 수 있게 된 거예요.

처음 방송국에 들어갔을 땐 이것저것 기대가 많았어요. 하지만 정보 전달이 주된 업무다 보니 애초의 기대는 점점 사라지고, 나중엔 무엇 때문에 이곳에 왔는지도 기억이 나질 않더라고요. 그 후 회사를 그만두면서 꿈에 닿을 방법이 아예 사라진 느낌이었어요. 그런데 이제는 그 일을 직접 하고 있어요. 예전에 들었던 라디오처럼 오프닝 멘트를 준비하고, 마음에 들 때까지 원고를 녹음하고, 이렇게 저렇게 영상을 편집하는 게 너무 즐거워요. 그래서 부담을 느낄 틈도 없는 것 같아요.

그렇게 이룬 꿈이 작가의 길로 이어졌네요. 얼마 전에 책 한 권을 내셨지요. '마음, 소리 내어 읽다'라는 의미 깊은 제목이었는데요, 그 안에 속 깊

은 이야기를 많이 담아 주셨어요. 자신을 고스란히 내어놓기가 쉽지 않은데, 그런 용기를 내게 된 계기가 궁금합니다.

지금도 가끔 걱정을 해요. 너무 많은 이야기를 털어놓은 게 아닐까 하고요. 결혼할 당시의 이야기를 자세하게 써 놓았는데, 정작 남편은 책이 나오고 나서야 그 내용을 봤어요. 너무 미안한 생각이 들더라고요. 그런 망설임 속에서 제 이야기를 써낼 수 있었던 건 아마도 일기의 영향이 아닐까 싶어요.

일기를 처음 쓰기 시작했을 땐 두 줄을 채우기가 힘들었어요. 그래도 어떻게든 써보겠단 생각에 꾸역꾸역 빈칸을 채워갔지요. 그런데 어느 날 속 이야기를 털어놔도 괜찮겠단 생각이 들더라고요. 어차피 볼 사람은 저 하나뿐이니까요. 그렇게 두서없이 써 놓고 나니 어쩐지 개운한 느낌이 들었어요. 그때 문득 알게 됐어요. 생각을 글로 쓰는 행위가 저한테는 치유의 과정이란 것을요. 그 뒤로 마음속 생각을 조금씩 쓰기 시작했어요. 인생에서 가장 아팠던 순간을 책 속에 담을 수 있었던 건 그것이 내려놓음의 의미였기 때문일 거예요. 한 자 한 자 써내려가면서 상처가 아물고 있다는 걸 스스로 느낄 수 있었거든요.

이른 새벽 식탁 등을 켜고, 가족들이 깰까 봐 조심스레 녹음하는 모습을 알고 나니, 영상에서 들려오는 목소리가 한층 가깝게 느껴졌습니다. 아침에 몇 시쯤 눈을 뜨나요? 세상에서 가장 무거운 게 눈꺼풀이라는데, 좀 더 누워 있고 싶은 마음을 어떻게 이겨내는지요?

정해진 시간은 따로 없지만, 4시 정도면 잠에서 깨요. 일단 그렇게 눈을 뜨긴 하는데, 가끔은 조금 더 잠을 청할 때도 있어요. 제가 예전에 불면증을

지독하게 앓았거든요. 한창 방송 일을 할 때였는데, 며칠 밤을 뜬눈으로 지새우고 멍한 상태로 출근을 하곤 했어요. 무슨 수를 써도 잠을 잘 수가 없어서요. 그때를 생각하면 쏟아지는 졸음이 오히려 고마워요.

'아, 이 소중한 잠!'

그런 생각을 하며 일부러 자리에 누워 있다가, 혼자만의 시간이 문득 그리워 천천히 몸을 일으키곤 해요. 엄마가 된다는 게 그런 거더라고요. 아이가 생활의 중심이 되니까 다른 건 괜찮은데 차분한 시간이 종종 아쉬워요. 낮에 잠깐 시간이 나긴 하지만, 새벽만큼 고요하진 않으니까요.
참, 예전엔 식탁 등을 켰는데, 요즘은 거실 등 스위치를 눌러요. 공간을 새롭게 활용하고 싶어서 긴 탁자를 놓았거든요. 그렇게 분위기를 바꿔보는 것도 제법 괜찮은 것 같아요.

소다 님의 책에서 엿보이는 일상이 무척 평화로웠습니다. 아이의 성격을 있는 그대로 인정해 주는 모습이 인상적이었어요. 쉽지 않은 일인데, 어떻게 그런 마음을 갖게 되었나요?

요즘도 가끔씩 갈등에 휩싸여요. 이렇게 놓아두어도 되는 걸까, 조금 더 개입해야 하는 건 아닐까 그런 생각을 하면서요. 조금 느리더라도 스스로 깨닫는 아이를 보면서 내 선택이 틀린 게 아니었구나 하며 고개를 끄덕이곤 해요.
초등학교 저학년 아이를 둔 엄마들은 다들 공감할 거예요. 대신 해 주고 싶은 마음과 잔소리하고 싶은 욕구가 용솟음치는 순간을요. 하지만 아이는 자기 기질대로 조금씩 성장해 나가잖아요. 그 사실을 인정하고 기다리면서 오히려 제가 깨닫기도 해요. 마음의 키가 한 뼘 정도 자랐다는 걸요.

남자 아이들을 키우다 보면 평소엔 무난하게 잘 지내다가, 어쩌다 한 번씩 자기주장을 강하게 드러낼 때가 있잖아요. 엄마 입장에선 제법 당황스럽죠. 그럴 땐 어떻게 대화를 이끄시나요?

우리 아이는 평소에도 엄청 주장이 강해요. 예전부터 좋고 싫은 게 워낙 분명해서 어쩜 이럴까 생각도 많이 했어요. 돌이켜 보면, 내 어릴 적 모습과 아이의 모습이 다를 수밖에 없다는 걸 이해하지 못했던 것 같아요. 자기주장을 좀처럼 내보이지 않던 제가 그렇지 않은 아이를 대하면서 어쩔 줄 몰랐던 거죠.

이 책 저 책 살피고, 육아 프로그램도 들여다보면서 문득 깨달았어요. 다를 뿐이지 틀린 게 아니라고요. 자식이라고 마냥 나와 비슷할 순 없는데, 그걸 깨닫는 데 오래 걸린 거죠. 아이가 어릴 때는 잠을 안 자서 고생을 많이 했어요. 잠깐 자다가 깨고, 졸다가 일어나서 울고.

'푹 자야 건강해진다던데, 이러다가 문제가 생기는 건 아닐까. 아이를 뱃속에 품고 있을 때 한창 불면증에 시달렸는데, 아무래도 그 영향을 받은 것 같아.'

그렇게 생각하며 4년을 애태웠는데, 다섯 살이 되니까 거짓말처럼 잠을 자기 시작하더라고요. 소아과 선생님이 그러시는데, 남자 아이들이 이런 경우가 종종 있대요. 그 일을 겪고 난 후부터는 아이가 의견을 강하게 드러내도 웬만한 건 들어주게 되었어요. 사실 입는 옷이나 노는 시간, 그런 사소한 것들이 많거든요. 본인의 의견대로 실컷 해 볼 수 있게 지켜봐 주려고 애쓰고 있어요.

이해와 배려 속에서 몸과 마음이 건강한 아이로 자라줄 것 같아요. 아들과

함께 산책도 즐긴다고 하셨는데요, 혼자 산책하는 시간에는 여전히 본인의 목소리를 들으시나요?

예전에는 뒷동산에 함께 오르곤 했어요. 그런데 요즘은 집에 있는 걸 더 좋아하더라고요. 그래서 저 혼자 나설 때가 많아요.

초보 북튜버였던 무렵엔 제 목소리를 정말 많이 들었어요. 여러 번 녹음을 하다 보니 톤이 조금씩 달라지더라고요. 책을 읽는 속도도 그렇고요. 아무래도 뒤로 갈수록 가족들이 깰 시간이 가까워오니까 나도 모르게 마음이 급했나 봐요. 그런 심정이 목소리에 그대로 드러나더라고요. 그걸 알아차린 지금도 마음이 바쁠 땐 여전히 말이 빨라져요. 본능적인 건 어쩔 수 없나 봐요, 하하.

요즘은 예전보다는 제 목소리를 덜 듣는 편이에요. 최근엔 동네를 걸을 때 다른 북튜버분들 목소리를 종종 들어요. 방송국과 멀어진 지 한참 되었다곤 해도 처음 일을 배운 게 아나운서 쪽이라 아직도 책을 읽는 목소리에 딱딱한 느낌이 남아있는 걸 제 스스로 잘 알아요. 그런데 자연스럽고 따스한 분위기의 말소리가 들리면 감탄이 저절로 나오더라고요. 나와 전혀 다른 개성의 책 소개를 듣는 것도 무척 재미있고요.

처음 소다 님의 목소리를 듣고 빈틈없고 똑 부러질 거란 느낌이 컸어요. 그런데 책을 통해 건네는 말 속에서 주저하면서도 한걸음씩 나아가는 모습이 보였습니다. 공감이 되고 반가운 마음이 들더라고요. 뭔가를 해 볼까 하다가 문득 망설이는 자신을 발견하면 어떻게 스스로를 다독이나요?

쉽게 내딛지 못하는 성격은 아직도 여전해요. 걱정하는 마음도 마찬가지고요. 그럴 때마다 속 이야기를 기록해 두곤 해요. 새벽에 눈을 떠서 제일 먼저 하는 일이 일기 쓰기거든요. 차분히 앉아서 그 자리에 멈춘 생각을 써 나가다 보면 조금씩 용기가 솟아나요. 자신을 돌아보는 계기도 되고요.

평소 실천하는 삶을 위해 노력하고 계신다는 느낌이 들었습니다. 월든의 주인공처럼요. 혹시 그와 같은 마음을 갖게 해 준 책이 있었나요?

'시크릿'이 그런 계기를 만들어 준 것 같아요. 처음 그 책을 읽었던 건 아주 오래전이었어요. 당시에도 제법 유명했던 도서라 사서 당장 읽어보고 한동 안 들떠 있었어요. 뭔가 좋은 일이 생길 것 같은 기분이 마구 들었거든요. 그런데 얼마 지나지 않아서 그 안의 글들이 허황되게 느껴지더라고요. 그 래서 책장 한 구석에 내버려 두었어요.

그러다가 오랜만에 그 책을 뽑아 들었는데, 책등이랑 표지까지 빛이 바랜 그 낡아빠진 책이 갑자기 이해가 되기 시작하는 거예요. 몰랐던 내용이 눈에 들어오고, 지나쳤던 문장이 마음을 두드렸어요. 그렇게 와 닿았던 글 들을 영상에 담아서 올려두었는데, 몇 달 뒤에 생각지도 못한 일이 일어 났어요. '시크릿'이 실린 영상의 조회수가 엄청난 숫자로 바뀌어 있는 거 예요.

그 일을 계기로 구독자가 늘어났고, 제 목소리를 기다리는 분들도 생겼어 요. 그때 알겠더라고요. 내가 느끼는 만큼, 스스로 깨달은 만큼 상대에게 전달이 된다는 걸요.

마음에 드는 낭독이 될 때까지 계속 녹음을 하신다고요. 그렇게 작업한 내 용이 한 편의 영상이 될 때까지 보통 어느 정도 시간이 걸리나요?

꼬박 하루는 필요한 것 같아요. 순수하게 편집하는 시간만 따져도요. 녹음에 쓰는 시간까지 더하면 그것보다 훨씬 오래 걸려요.

다른 사람을 향해 내 이야기를 건넨다는 것, 참 쉽지 않은 일이지요. 소다님은 벌써 몇 년째 이 어려운 일을 하고 계십니다. 북튜버 일을 계속할 수 있는 원동력은 무엇인지 궁금합니다.

즐거움이요. 이 일을 하는 게 참 좋아요. 제가 영상 편집을 휴대폰으로 하거든요. 그런데 한창 열중할 땐 거의 열 시간을 들여다볼 때가 있어요. 그럴 때면 눈이 너무 피곤해서 다시는 이러지 말아야지 매번 후회를 해요. 그런데 다음날이 되면 또 휴대폰을 꺼내 들고 다시 편집 앱을 열어요. 앞쪽에 어울리는 음악을 넣고, 내용과 잘 맞는 영상을 고르고, 흘러가는 소리와 맞아떨어지는 문장을 배열하는 게 너무 즐거워서요.

유튜버를 꿈꾸는 아이들이 많습니다. 바로 그런 일을 엄마가 하고 있다는 걸 알았을 때, 아들이 어떤 반응을 보였을지 호기심이 생깁니다.

우연히 알게 됐는데, 얼마나 주변에 자랑을 했는지 제가 다 놀랄 정도였어요. 그걸 알고 깜짝 놀라서 아이한테 신신당부를 했어요. 엄마는 목소리로만 유튜브를 하니까 사람들이 모르는 게 더 편하다고, 그러니까 앞으론 아무 얘기도 하지 말라고요. 그런데 그날 저녁에 아이가 다니는 영어 학원 선생님이 전화를 주신 거예요. 이야기 들었다면서, 목소리가 너무 좋아서 깜짝 놀랐다고 하시면서요. 감사하다고 말은 했는데, 얼마나 부끄럽던지 전화를 끊으면서 얼굴이 화끈거렸어요. 그래서 아이를 불러서 다시 조심스럽게 부탁을 했어요. 그랬더니 입을 삐죽거리면서도 알겠다고 대답을 하더라고요. 내심 자랑하고 싶었었나 봐요. 하하.

책을 읽다가 마음에 드는 문장을 만나면 내 것이 될 때까지 여러 번 소리 내어 읽어둔다고 했는데요. 그런 다음에 그 글을 따로 적어두곤 하나요? 아니면 밑줄을 치거나 표시를 해 두나요?

휴대폰 메모장에 주로 저장을 해 둬요. 제가 북튜버를 시작한 것도 알고 보면 그 메모 덕분이었어요. 문장이 차츰 쌓여가니까 너무 아깝더라고요. 이렇게 좋은 내용을 나 혼자 알고 있는 게요. 그래서 좋은 구절을 짧게 녹음해서 친한 친구한테 보내주곤 했어요. 그러다가 나중에 유튜브에 올릴 영상까지 만들게 된 거예요.

되돌아보면 처음부터 긴 영상을 만든 건 아니었어요. 초창기엔 3분이나 5분짜리 동영상이 많았어요. 그냥 한 두 구절을 읽고 그것에 대한 감상을 말하는 게 다였죠. 조금씩 천천히 분량이 늘어났어요.

'게으른 완벽주의자'였다는 고백에 저도 모르게 고개가 끄덕여졌어요. 저를 포함한 많은 이들이 제대로 해내지 못할까 봐 무언가를 시작하지 못하는 경우가 태반이니까요. 혹시 최근에 그런 경험을 하신 적이 있나요?

북튜버 일을 시작한 뒤 여기저기서 연락이 와요. 그런데 선뜻 나서게 되질 않더라고요. 최근에는 교육 관련 회사에서 여러 번 요청을 주셨어요. 어떤 내용이라도 좋으니 자신 있는 분야를 영상으로 담아서 열 편 정도 제작을 해달라고요. 그런데 여전히 망설이고 있어요. 일단 시작하면 제대로 해내

97
소리 내어 읽다

야 할 텐데, 완벽한 결과물을 만들지 못할 것 같아서 덜컥 마음을 내기가
쉽지 않아요.

**소다 님의 맑은 느낌이 제게 전해졌는지, 오랜 시간 이야기를 나누면서도
피곤한 줄을 몰랐습니다. 이제 두 가지 질문만 남겨 놓고 있습니다.**

"나의 소리 책갈피, 소리 내어 읽다였습니다."

**매번 이렇게 끝맺는 영상이 기억에 남는데요, 따로 말을 덧붙이지 않고 깔
끔한 마무리를 하게 된 이유가 궁금합니다.**

녹음을 워낙 여러 번 하다 보니, 어떨 때는 시간에 쫓겨서 책 한 권을 한
번에 마치지 못하고 몇 번에 나눠서 할 때가 있어요. 그런 경우가 종종 생
기다 보니 끝맺음을 담백하게 해서 이제 영상이 끝났다는 걸 알려야겠다
고 생각했어요. 그런데 얼마 전에 동생이 그러더라고요.

"언니, 매번 영상 끝에 넣는 그 말에 이제는 변화를 줘야할 것 같지 않아?
인사말을 넣거나 좀 더 다정한 말을 덧붙여 봐. 지금은 너무 단순한 느낌
이야."

저는 깔끔하다고 생각했는데, 막상 그런 말을 들으니 은근슬쩍 고민이 되
더라고요. 그래서 지금은 여러 가지로 생각 중이에요, 하하.

마지막 질문입니다.

**'겨울나무처럼 휑하던 내 인연의 나무에 봄이 오려나 보다. 잎이 모두 떨어
진 가지마다 새살이 돋는 듯 간질간질하다. 나도 이제 반짝이는 초록빛 새**

싹을 만나고 싶다.'

소다 님이 직접 쓰신 글입니다. 마치 시와 같은 느낌이 들어요. 시를 낭독하며 또 다른 기쁨을 만끽했다는 말씀을 하셨는데요. 지금으로부터 삼십 년 뒤, 내 곁에 여전히 있어 주었으면 하는 한 권의 시집이 있다면 무엇일까요?

류시화 시인의 '시로 납치하다'가 앞으로도 오래도록 마음에 남을 것 같아요. 그 책은 제가 여러 번 소리 내어 읽은 시집이에요. 문장 하나하나가 가슴에 스며들어서 시를 좋아하는 제게 선물 같은 책이었어요.

마음을 터놓고 허심탄회한 대화 나눠 주셔서 감사합니다. 함께 이야기를 나누는 시간들이 모두 소중한 순간이었어요. 북튜버로, 작가로 활동하는 소다 님의 날들이 맑은 하늘처럼 곱게 펼쳐지면 좋겠습니다.

저도 함께한 시간이 즐겁고 행복했습니다. 시간 가는 줄 모르고 대화를 나누었어요. 제가 어떤 모습으로 그려질까 궁금한 마음이 듭니다. 책이 나오는 날을 기다리고 있겠습니다.

시로 납치하다

류시화, 루이즈 글릭 외 지음

마음을 움직이는 류시화 시인의 필체가 그대로 드러나는 책. 인생에서 마주치는 수많은 문제 앞에서 기쁘면 기쁜 대로, 슬프면 슬픈 대로, 있는 그대로의 자신을 내보일 수 있도록 용기를 주는 문장이 수두룩하다. 책의 시작을 알리는 짧은 시가 인상적이다.

"우리 자신을 가지고
꽃을 피울 수 있다면,
불완전한 것은 아무 것도 없는 꽃을

불완전한 것조차 감추지 않는 꽃을."

– 드니스 레버토프

그렇다. 우리는 완벽할 수 없다. 문득 울적한 날에 펼쳐 보면 반드시 눈에 들어오는 시 한 편을 만날 수 있을 것이다. 이어 등장하는 문장들도 가슴에 와 닿는다.

이 책을 읽다 보면 시가 쓰인 시기와 감동의 질 사이에는 아무런 연관이 없다는 사실을 새삼 깨닫게 된다. 지금으로부터 800년 전에 쓰인 시마저도 꽤나 매력적이니.

본인도 모른다!
구독자를 끌어당기는 숨은 매력_히든 포인트

소리 내어 읽다 편

안정적인 호흡

경험은 거짓말을 하지 않는다. 그녀가 발음하는 단어는 온전한 형태를 이루어 생각의 너른 밭을 채우고, 고른 호흡은 단단한 문장의 토대가 되어 준다. 그녀는 정작 딱딱한 자신의 말투가 불만이라지만, 단정하고 한결같은 그녀의 낭독은 언제 들어도 믿음직스럽다.

확실한 존재감

어려움을 헤치고 세상과 마주하는 사람만큼 강한 이가 또 있을까. 모래톱에 피어 있는 한 송이 해당화처럼 얼핏 보면 여린 모습이지만, 소다 님의 내면에는 누구보다 단단한 확신과 주변을 품어주는 넉넉한 마음 씀이 자리 잡고 있다. 어떤 책을 만나도 은은하게 빛을 발하는 그녀의 존재감은 무엇과도 바꿀 수 없는 소중한 자산이다.

어제와 다른 오늘

그녀의 시작은 친구에게 보낸 30초짜리 목소리였다. 그랬던 것이 3분짜리 영상이 되고, 이제는 30분이 넘는 내용을 담아낸다. 소리 내어 읽다 님은 사람들에게 책을 소개하는 일을 무척 좋아한다. 그래서 열 시간씩 영상을 다듬어도 다음날 또 편집 프로그램을 연다. 그러면서 조금씩 발전해나간다. 그녀의 오늘은 어제보다 한걸음 나아간 날인 것이다. 아마 내일은 오늘보다 조금 더 성장해 있을 것이다.

이 그림을 스마트폰 카메라로 비춰 보세요.
화면을 터치하면 책 추천해 주는 남자, 책추남TV 님의 목소리를 들어볼 수 있어요.

통찰

책 추천해 주는 남자, 책추남TV

오랜 시간 알고 지냈지만
그의 내면을 들여다보는 일은 항상 새롭다.
변화하려는 노력을 아끼지 않는 사람이기에
다시 이야기를 나눌 때마다
매번 다른 모습으로 다가오곤 한다.

몇 년 만에 만나본 그는 예전보다 훨씬 밝아진 모습이었다. 여의도에 있는 샐러드 전문점의 큼직한 테이블 앞에 앉아 그의 단정한 미소와 마주하다 보니 여유롭게 보였던 오전 시간이 어느새 대화로 훌쩍 채워져 있었다.

책 추천해 주는 남자, 혹은 책추남으로 알려진 그는 요즘 북튜버로 활발하게 자신을 내보이고 있다. 읽었던 책을 소개하고, 삶에 대해 고민하는 사람들과 대화하고, 더 나은 세상을 만들기 위해 시간을 쪼개가며 살고 있는 그와 이야기를 나누며 들었던 첫 생각은 바로 이것이었다.

'이 사람은 지금 이 순간을 매우 소중하게 여기고 있구나.'

함께 마주앉은 시간 동안 그는 온전히 대화에 집중했고, 건넨 이야기에 고개를 끄덕였고, 조심스레 자신의 의견을 말했으며, 때론 웃고 때론 안타까워했다. 이야기를 나누는 그 어떤 순간에도 결코 바쁜 티를 내지 않았고, 전화벨이 울리자 정중하게 양해를 구한 뒤 빠르게 통화를 마치고 금세 맞은 편 자리로 되돌아왔다. 그가 최근 들어 매우 바쁘게 생활하고 있다는 사실을 나중에 알게 된 뒤 다시 금 놀랐던 기억이 난다.

그는 여러모로 독특한 사람이다. 명석하지만 겸손하고, 상대에게 도움이 된다고 생각하면 무엇도 아끼지 않고 알고 있는 것을 다 내어준다. 책 읽기를 즐기는 북튜버지만, 정작 자신의 자녀는 여섯 살까지 글자를 모른 채 살아갈 수 있게 해 주었고, 경제적인 자유를 소중하게 여기지만 결코 돈에 이끌려 다니지는 않는다. 소중한 것은 의외로 가까운 곳에 있다는 걸 잘 알기 때문이다.

오랜 시간 알고 지냈지만 그의 내면을 들여다보는 일은 항상 새롭다. 변화하려는 노력을 아끼지 않는 사람이기에 다시 이야기를 나눌 때마다 매번 다른 모습으로 다가오곤 한다. 새벽녘 구름 사이를 비집고 나온 첫 햇살처럼, 그와 나눈 이야기들이 지금껏 상쾌하게 마음에 맴돈다.

여섯 살 무렵까지 딸이 글자를 모르고 자라도록 키웠다고 들었어요.

거창한 이유는 아니었어요. 어릴 때는 상상의 세계에서 마음껏 헤엄치는 게 좋을 거라고 생각했어요. 글자라는 완성품을 너무 일찍 접하면 뭔가를 자유롭게 떠올릴 기회가 그만큼 줄어드니까요.

제 딸이 발도르프 교육을 하는 유치원에 다녔는데, 그곳의 인형에는 얼굴에 눈, 코, 입이 없어요. 알고 보니 인형이 보여 줄 표정을 스스로 상상할 수 있도록 해 주기 위해서였어요. 생각의 가짓수가 늘어나는 것이지요.

아이를 키우는 방법에는 여러 갈래의 길이 있어요. 그러니 어느 것이 정답이라고 말할 수는 없지요. 저는 제 딸이 스스로 궁금해할 때까지 기다려 주고 싶어요. 그런 다음에 글자를 접해도 충분하다고 생각했어요.

납득이 가는 이야기네요. 어린 시절을 온전히 누릴 수 있도록 돕는 것도 어른의 역할인 것 같아요. 문득 궁금해집니다. 책추남 님의 어린 날은 어떠했나요?

많이…, 괴로웠어요. 성적은 곧잘 받았는데, 왜 공부를 해야 하는지 이유를 몰랐거든요. 어른들에게 물으면 나중에 저절로 알게 된다는 대답뿐이었어요. 질문이 이어지면 짜증 섞인 반응이 되돌아왔지요.

어린 시절을 되돌아보면 문득 그런 생각이 들어요. 그때 한 사람만이라도 제 마음을 들여다봐줬다면 얼마나 좋았을까 하고요. 흔히 이해력이 좋은 아이는 뭐든 스스로 잘 해낼 거라고 미루어 짐작해요. 하지만 아이들은 누구나 감정적으로 쉽게 상처를 입어요. 아무도 자신의 말에 귀기울여주지 않고, 그저 공부만 강요하면 얼마 지나지 않아 마음이 텅 비어버려요.

지금도 가끔 생각해요. 무엇을 할 때 가슴이 두근거리는지, 진짜 좋아하는 일은 뭔지, 어떠한 마음을 지닌 어른이 되고 싶은지, 그런 질문을 누군가 한 번이라도 건넸다면 제 어린 시절은 결코 회색빛이 아니었을 거예요. 시간이 제법 흘렀지만, 그 시절을 떠올리면 여전히 슬퍼요.

어린 날의 기억은 몸이나 마음 속 어디엔가 분명히 남아 있지요. 혹시 책추남 님이 그 시절에 찾아낸 작은 기쁨 같은 것은 없나요? 뚜렷하게 기억나는 걸로요.

만화를 봤던 시간이 저한테는 해방의 순간이었어요. 처음 시작이 언제였는지는 잘 기억이 나질 않아요. 우연히 만화 잡지 한 권을 손에 들었는데, 숨도 쉬지 않고 끝까지 읽었어요. 그 다음부터였던 것 같아요. 틈만 나면 만화책을 볼 수 있는 곳으로 달려갔어요. 처음엔 이것저것 골라 보다가 나중엔 분야를 가리지 않고 몽땅 읽었어요. 아직도 기억이 나요.

"미래는 언제나 예측불허. 그리하여 생은 그 의미를 갖는다."

'아르미안의 네 딸들'에 등장하는 구절이에요. 만화책이 가득한 책장 주위를 빙글빙글 돌면서 이번엔 어떤 세상을 마주할까 설레던 시간이 참 행복했어요.

어찌 보면 책 읽기의 본격적인 시작이 만화였던 셈이네요.

그럴지도 모르겠어요. 만화를 알기 전에는 위인 전집이나 명랑 소설을 띄엄띄엄 읽었어요. 만화로 책 읽는 재미를 제대로 알게 되고는 무협지로 흥미가 확장되었고요. '영웅문'이라는 소설을 읽느라 꼬박 며칠 밤을 뜬눈으로 보낸 기억이 아직도 생생해요. 그때는 밥 먹는 것도 잊고 온통 책에만 몰두했어요. 책상 아래에 무협지를 숨겼다가 아버지한테 된통 혼이 난 적도 있어요.

정신없이 책을 보는 어린 소년의 모습이 눈앞에 떠오릅니다. 혹시 부모님도 독서를 즐기셨나요?

처음엔 몰랐어요. 어머니가 젊을 때 책 읽기를 꽤 즐기셨더라고요. 중학교에 다니던 무렵이었어요. 집 지하에 창고가 있었는데, 거기에 내려가서 물건을 한참 뒤지곤 했어요. 꼭 모험하는 기분이었거든요. 그러다가 하루는 가득 쌓인 낡은 책 속에서 눈에 띄는 것 두세 권을 들고 나왔어요. 노만 빈센트 필이랑 죠셉 머피가 쓴 자기계발책이었는데, 알고 보니 어머니가 예전에 봤던 거라고 하시더라고요. 그때까지 저는 어머니가 책을 좋아하는지 모르고 살았어요. 맏며느리 노릇을 하시느라 항상 바쁜 모습만 봤거든요. 그 책들을 한 장씩 들여다보면서 신기해했던 기억이 나요.

어머니의 젊은 시절이 스며있는 책이라니 퍽 낭만적이네요. 책추남 님은 평소 독서량이 상당하신데, 책을 자주 구입하는 편인가요, 아니면 도서관에서 빌려 보시나요?

제가 책을 얌전하게 보는 편이 아니거든요. 마음에 드는 구절이 있으면 사정없이 밑줄도 긋고, 뭔가 생각이 떠오르면 빈 곳에 얼른 써 놓기도 하고. 그래서 돈 내고 사서 보는 게 편해요. 책을 깨끗하게 보는 분들이 제 책을 보면 아마 화들짝 놀랄 거예요.

요즘은 나오지 않는 오래된 책들을 제법 갖고 계신 것 같던데, 그럼 지금까지 본 책이 모두 집에 있나요?

어휴, 아니에요. 그랬다가는 제가 잘 곳이 없을 거예요. 정기적으로 책장을 한 번씩 비워요. 그래도 웬만한 사람보다는 책이 많지만요. 지난번에 이사를 할 때 용달차 한 대를 따로 불렀어요. 책을 실려고요. 집에 있는 책장이 제법 큰데도 꽂지 못한 책이 몇 백 권쯤 있어요. 그런 책은 모두 상자에 담아서 창고에 두었어요. 정리를 한다고는 하는데, 서재 바닥에 책이 자꾸 쌓여요. 아내한테 참 미안한데 쉽게 해결이 안 되더라고요. 하하.

가끔 비우는 데도 그 정도면 양이 상당하겠어요. 갖고 계신 책이 몇 권 정도 될까요?

대학 시절에 후배 하나가 우리 집에 다녀간 적이 있어요. 책이 얼마나 되는지 직접 세어 보겠다며 호기롭게 시작을 했는데, 3천 권이 넘어가니까 더 이상 못하겠다며 손을 떼더라고요. 당시에 있던 책이 6천 권 조금 넘었는데, 지금도 그때와 엇비슷할 거예요.

그 정도면 책의 숲에서 살고 계신 거네요. 그렇게 많은 책들 가운데 좋은 걸 고르기가 쉽지 않겠어요. 혹시 책을 선택하는 기준이 따로 있나요?

일단은 흥미가 닿는 대로 이 책 저 책 폭넓게 집어 들어요. 그러다가 눈에 들어오는 구절을 만나면 표시를 해둬요. 밑줄을 긋기도 하고, 페이지 모서리도 접어두고요. 마음에 드는 책엔 확실히 그런 흔적이 많아요. 제가 중요하게 여기는 게 있는데, 바로 책을 읽은 후의 느낌이에요. 마지막 페이지를 덮을 때 편안한 마음이 들면 일단 합격이에요. 책의 내용이 얼마나 오랫동안 가치가 있을까도 여러 번 생각해요. 표지를 바라보며 가만히 떠올려요. 천 년이 지나도 이 책 속 문장들이 여전히 옳을까? 그때도 사람들이 이 책을 통해 지혜를 얻을까? 읽고 난 뒤 좀 더 나은 내가 될 수 있겠다는 뿌듯함이 차오르면 좋은 책일 확률이 높아요.

'좀 더 나은 나'라는 말이 마음에 와 닿습니다. 평소에 책 읽는 속도가 빠른 편이라고 들었습니다. 일부러 훈련을 하신 건가요?

빨리 읽으려고 애쓰는 건 아닌데 자연스럽게 속도가 붙는 것 같아요. 아무래도 그동안 읽었던 책의 양이 있으니까요. 한 문장을 읽어도 이해하는 속도가 빠른 편이에요. 예전에 유학 생활을 할 때 그 덕을 제법 봤어요. 과제로 주어진 책의 양이 상당했거든요.

저는 새로운 책을 펼치면 먼저 서문을 꼼꼼히 읽어요. 그리고 곧바로 결론쪽으로 가요. 결론을 다 읽고 나면 목차로 눈을 돌려요. 그렇게 전체 흐름을 파악하면 관심이 가는 부분이 머릿속에 들어와요. 그럼 그곳을 중심으로 다시 들여다보기 시작해요.

예전엔 처음부터 하나도 빼놓지 않고 전부 읽어야한다는 생각이 강했어요.

그러다가 나만의 방식을 찾았지요. 일단 가볍게 인사를 나누면 책과 가까워져요. 내용을 파악하는 속도도 빨라지고요. 잠시 살펴볼 생각으로 펼쳤다가 어느새 집중하게 되는 책이 있어요. 그런 책이 저한테는 진짜 보물인 거죠.

북튜버를 시작하게 된 계기도 그런 보물 같은 책을 사람들에게 소개하고 싶어서였나요?

제일 가까운 친구가 그런 일을 해보라며 여러 번 권유를 했어요. 만날 때마다 책 이야기를 주구장창 늘어놓아서 그 친구를 괴롭혔거든요. 그런데 제가 워낙 기계치라, 유튜브에 영상을 올린다는 건 꿈에도 생각을 못했어요. 그러다가 하루는 이런 생각이 드는 거예요.

'한번 해 볼까? 나한테는 익숙한 일이잖아. 책 한 권을 고르고, 내 생각을 이야기하는 게.'

그런데 막상 하려니까 가슴이 두근두근하더라고요. 일단 스마트 폰을 고정할 삼각대 하나를 샀어요. 그런 다음 손이랑 책이 나오게 각도를 잡았지요. 그렇게 만든 첫 영상이 6분짜리 '다섯 가지 소원'이에요.
편집을 할 줄 몰라서 처음부터 끝까지 통으로 촬영하고, 일곱 시간을 끙끙대다가 겨우 유튜브에 올렸어요. 지금 보면 목소리도 작고, 깔아놓은 천에 먼지도 묻어 있어요. 그래도 워낙 고생한 영상이라 계속 기억에 남더라고요.

쉽지 않은 도전이었네요. 그렇게 하나하나 영상을 올리다가 이제 좀 반응

이 오는구나 싶었을 때가 언제였나요?

첫 악플이 달렸던 때인 것 같아요. 막상 영상을 올려놓고도 누가 봐 줄까 싶어서 영 자신이 없었거든요. 그런데 댓글이 하나 둘 올라오니까 진짜 기분이 좋더라고요. 그러다가 우연히 악플 하나를 봤어요. 분명히 내 영상을 욕하는 내용인데, 생각보다 기분이 나쁘지 않았어요. 이렇게 나를 주목하는 사람도 있구나 싶더라고요. 구독자가 늘면서 악플 내용도 점점 다양해져요. 잠깐 기분이 상하다가도 얼핏 신기한 생각이 들어요. 일부러 여기까지 찾아와서 글을 써주는구나 싶어서요.

악플을 대하는 성숙한 자세네요. 그럼 달린 악플은 대부분 그냥 놓아두나요?

수위가 높지 않을 땐 웬만하면 그대로 두는 걸 택해요. 너무 심한 내용은 가리기 기능을 사용하고요. 채널 운영자가 쓸 수 있는 기능 가운데 '채널에서 사용자 숨기기'가 있어요. 그걸 사용하면 악플을 쓴 본인은 내용을 볼 수 있지만, 다른 구독자에겐 보이지 않아요. 그러면 효과적으로 차단할 수 있어요.

가끔 '말이 빠르다', '목소리가 마음에 안 든다' 이런 댓글이 달리기도 해요. 그럴 땐 생각해요. 영상을 찍을 때 마음이 급했나보다 하면서요. 어떤 책은 할 이야기가 많아서 저도 모르게 말이 빨라져요. 그럴 땐 댓글이 오히려 고마워요. 목소리에 관한 내용이 보이면 그날 컨디션을 되돌아봐요. 몸 상태가 나쁘면 목소리에서 표가 나거든요.

악플을 다는 분들은 상대의 관심을 즐기는 경우가 많아요. 그래서 답은 하지 않지만, 가끔 하트는 찍어드려요.

북튜버로서 첫 걸음을 떼면서 '다섯 가지 소원'이란 책을 고르셨지요. 특별한 이유가 있었나요?

첫 영상을 올린 날이 새해 첫날이었어요. 다들 한 번씩 계획을 세워보는 때지요. 그 책의 마지막 부분에 이런 내용이 나와요.

'죽음을 눈앞에 두었다고 상상해 보세요. 가장 후회할 다섯 가지는 무엇일까요?'

삶이 영원할 거라 여기며 우리는 매번 실천을 미뤄요. 이 책을 쓴 게리 핸드릭스는 파티에서 처음 만난 사람에게 이 질문을 받아요. 그 후 놀라운 경험을 하지요. 한 해를 시작하는 날, 누군가가 제 영상을 보고 삶을 새롭게 바라볼 수 있으면 좋겠다고 생각했어요.

첫 영상을 올리면서 밤을 샜다고 하셨는데, 요즘도 그렇게 긴 시간이 걸리나요?

이제는 단숨에 해치워요. 목소리를 녹음하는 데 40분, 동영상을 만들고 업로드하는 데 20분이면 충분해요. 그러고 보면 저는 작업 시간이 무척 짧은 편이에요. 매일 영상을 하나씩 올리는데, 빠르게 작업하는 환경을 만들어야 부담이 덜하거든요. 아무래도 목소리 위주라서 그런 면도 있고요.
다른 분들과 이야기를 나누다 보면 스타일이 다들 달라요. 작업 시간도 그렇고, 영상을 올리는 시간대도 다양해요. 그런 요소들이 모여서 자신만의 개성이 만들어지는 것 같아요.

북튜버분들과 자주 교류하시나 봐요.

이 일을 시작하고 어느 정도 지났을 때 출판사와 공식적으로 소통할 창구가 필요하다는 생각을 했어요. 책을 다루는 일이다 보니 저작권 문제가 중요하거든요. 그래서 틈나는 대로 메일을 보내서 다른 북튜버들과 연락을 하기 시작했어요. 출판사 쪽과도 소통을 하고요. 다행스럽게도 여러 분들과 인연이 닿아서 '우리는 북튜버다'라는 네이버 카페가 만들어졌어요. 몇 년 전부터 북튜버와 출판사가 함께하는 저작권 가이드라인 표준화 프로젝트를 진행하고 있는데, 이 프로젝트에 동참하는 출판사의 이름과 관련 도서 목록을 카페에 공지해두고 있어요.

그런 작은 날갯짓이 모여 훗날 더 큰 영향력이 되겠지요. 여러 모로 바쁜 날을 보내고 계신데, 혹시 다른 북튜버분들의 영상도 종종 챙겨 보시나요?

아무래도 같은 분야의 일을 하니까 관심이 가더라고요. 똑같이 책을 다루는 일을 하지만 각자의 개성이 뚜렷해서 영상의 분위기도 달라요. 그걸 구분하며 보는 재미가 은근 쏠쏠해요.

이른 때에 녹음을 한다고 하셨는데요, 보통 하루 일과는 어떻게 되나요?

아침 6시면 눈을 떠요. 자리에서 일어나면 한 시간 정도 운동과 명상을 해요. 그런 다음 책 한 권을 골라서 유튜브에 올릴 내용을 녹음해요. 딸이 자는 이른 시간이 주위가 가장 고요하거든요. 동영상 올리기까지 마무리하면 아이를 깨울 시간이 돼요. 침대 곁에 앉아서 글을 읽어 주며 딸이 깨어나길 기다려요. 아이를 배웅한 뒤 오전 시간 동안은 금융과 투자에 관한 공부를 해요. 삶을 의미 있게 꾸려가려면 경제적인 여유도 중요하니까요.

오후에는 노트북을 들고 집 근처 공원으로 향해요. 그 안에 카페가 있는데, 분위기가 아늑해서 일하기 좋아요. 거기서 글도 쓰고, 회의도 해요. 저녁에 돌아오면 가족과 시간을 보내요. 함께 보드게임도 하고, 고른 책을 서로에게 읽어 주기도 해요.

아이를 깨우는 방법이 독특합니다. 침대 곁에서 어떤 글을 읽어 주시나요?

아름다운 시 한 편이나 책의 한 페이지를 들려줘요. 류시화 시인의 '민들레를 사랑하는 법', 윤동주 시인의 '서시' 같은 것들이요. 즐겨 읽어 주는 책은 '루이스 헤이의 나를 치유하는 생각'이에요. 그 안에 놓여 있는 차분한 생각들이 아침을 밝히기에 좋을 것 같아서요.

책과 시가 어우러진 시간이군요. 하루를 꽉 채워 보내시는 것 같아요. 주말도 꽤 분주하다고 들었는데요.

평일보다 오히려 바쁘게 보낼 때가 많아요. 대부분의 모임이 주말에 있거든요. 책에 관한 이야기를 나누는 북살롱도 열리고, 온라인으로 북코칭을 하는 시간도 거의 주말이에요. 토요일과 일요일에 더 쉴 틈이 없는 것 같아요.

아침마다 책을 골라서 녹음을 한다고 하셨잖아요. 그때 쓸 책은 어떻게 선택하나요?

마음이 닿는 대로 골라요. 책장을 훑어보다가 오늘은 이 책이다 하는 느낌이 오면 그걸 집어 들어요. 예전에 마케팅 전문가의 조언을 받고 책을 골랐던 적도 있어요. 그런데 별로 효과가 없었어요. 일단 신나지가 않더라고요. 마음이 가야 머리도 따르는데, 그렇게 고른 책은 왠지 겉도는 기분이었어요. 그래서 이제는 그날의 느낌에 따라요. 가끔은 누군가를 위해 책을 고르기도 해요. 제 영상을 보면서 힘을 내면 좋겠다는 마음으로요. 어떤 일이든 오래 지속하려면 좋아하는 방식을 찾아야 하는 것 같아요. 마음이 가는 책을 책장에서 꺼내고, 그 책에 관해 이야기를 할 때 참 좋더라고요.

출판사에서 책 소개 요청을 해 오기도 하나요?

최근 들어 그런 요청을 자주 받아요. 제가 유튜브를 처음 시작했던 무렵에는 저작권 관련해서 문의를 해도 빠른 답변을 받기가 힘들었어요. 그때는 사람들이 북튜버를 잘 몰랐거든요. 요즘은 출판사에서 오히려 연락을 주세요. 감사 인사도 여러 번 받았어요. 제가 영상에서 책을 소개한 뒤 갑자기 판매량이 늘었다고요.
가끔 책 소개 요청이 들어오면, 그 책이 신념과 맞는지 그것부터 살펴요. 제 생각과 책의 내용이 맞지 않으면 출판사에서 여러 번 부탁해도 정중히 거절해요.

책에 관한 이야기를 나누다 보니 문득 궁금해지네요. 혹시 지금껏 한 번이라도 책 읽기가 싫어졌던 적은 없나요?

왜 없겠어요. 학창 시절엔 글을 읽는 일 자체가 정말 버거웠어요. 교과서에 등장하는 작품을 순수한 마음으로 읽고 싶은데, 이리 쪼개고 저리 분석하니까 도무지 읽을 마음이 안 나더라고요. 그런데도 시험을 보려면 어쩔 수 없이 글을 전부 들여다보고, 연관된 책까지 읽어야 했어요. 그땐 책 읽기가 정말 싫었던 것 같아요.

나중에 대학원 과정인 하버드 케네디 스쿨에 들어갔을 때도 과제로 주어지는 책의 양이 엄청났어요. 영어로 된 책이라 더 부담스럽더라고요. 책을 보는 게 진짜 지긋지긋했어요.

그러고 보니 하버드라는 남다른 학교에서 공부할 기회를 가지셨지요. 그곳에서 지내며 가장 크게 깨달은 것은 무엇인가요?

이 세상에 똑똑한 사람이 많다는 걸 뼈저리게 느꼈어요. 토론식 수업이 대부분이라 생각을 전부 말로 표현해야 했거든요. 교수님과 학생들 사이에 말싸움으로 보일 만큼 치열한 토론이 벌어지는데, 거기에 끼어들기가 쉽지 않더라고요.

차차 분위기에 익숙해지면서 이런 생각이 들었어요. 맞고 틀리는 건 중요하지 않구나. 완벽하게 말하려고 애쓸 필요도 없구나. 그저 내 생각을 전하고, 다른 사람의 말을 귀담아 듣고, 그런 시간이 쌓여가면서 나의 폭을 넓혀 가면 되는 거구나. 참, 그곳에서 귀에 딱지가 앉을 정도로 들었던 말이 있어요.

"세상을 바꿀 가장 큰 힘이 리더십이란 것을 우리는 믿는다. 우리가 당신을 선택한 이유가 바로 그것이다. 당신은 이곳을 선택한 걸 후회할지 모르지만, 우리는 당신을 선택한 걸 결코 후회하지 않는다."

작지만 큰 힘이 내 안에 있다는 것, 그 사실을 깨닫게 해 준 것이 하버드가 제게 준 가장 큰 선물인 것 같아요.

마음에 울림이 전해집니다. 그런 깨달음을 얻은 뒤 어떤 일을 하기 시작했나요?

제가 오랫동안 마음에 담고 있는 이야기가 있어요.

어떤 사람이 있었어요. 스무 살이 되던 무렵, 그 사람은 세상을 바꾸고 싶었어요. 서른 살 무렵에는 나라를 바꾸고 싶었지요. 마흔 살이 되었을 땐 동네를 바꾸고 싶었고, 쉰을 바라보는 나이가 되자 가족을 바꾸고 싶었어요. 죽음을 앞둔 어느 날, 그는 이렇게 중얼거렸어요.

"나 자신이나 바꿀 수 있었으면 좋았을 것을….'"

세상을 바꾸는 건 거창한 구호가 아니에요. 누군가에게 건네는 다정한 한마디가 상대에겐 살아갈 힘이 되기도 해요. 내가 따스한 사람이 되면 주변은 저절로 밝아져요. 그리고 그 빛이 생명을 갖고 조금씩 커져가지요. 작은 일부터 한 가지씩 해 나가려고요. 그게 세상을 바꾸는 첫걸음이라 믿으면서요.

절판된 책을 되살리고, 다시 빛을 볼 수 있게 만드는 일도 그런 실천의 연장선상에 있는 건가요?

되돌아보니 그랬던 것 같아요. 처음부터 절판 도서를 소개하려던 건 아니었어요. 제가 가진 책 가운데 울림이 있는 것들로 영상을 만들었는데, 알고 보니 절판된 책이 여럿이었어요. 좋은 책이 제대로 알려지지 않아서 더 이상 출판되지 못했던 거죠.

안타까운 마음을 갖고 있다가, 구독자분들의 응원을 받아서 우연히 첫 책을 만들었어요. 그 일이 계기가 되어 '좋은 책 살리기 프로젝트'가 시작되었지요. 그 과정에서 출판법인을 설립하고, 판권을 계약하고, 번역과 디자인을 의뢰하는 일까지 출판의 모든 과정을 경험했어요. 고생스럽지만 보람 있는 여정이었지요. 지금까지 여러 권의 책이 나왔어요. 앞으로도 이 일은 계속될 것 같아요.

삶을 보람 있게 만드는 길을 차근차근 걸어가고 계시네요. 그렇다면 어떤 삶이 가장 멋진 삶이라고 생각하세요?

평범한 삶이요!

어느 질문보다 빠른 대답이 돌아왔어요. 평소에 자주 떠올리는 생각인가 봐요.

평범한 삶이 얼마나 귀한지 잘 알기 때문일 거예요. 인생에 있어 소중한 것을 여러 번 잃어 봤으니까요. 학창 시절에는 가족을 한 차례 떠나보냈고, 그 후 비교적 여유 있던 집안 형편이 하루아침에 무너지는 경험도 했어요. 군대에서 허리를 다쳤을 땐 다시 못 걸을지도 모른다는 두려움에 잠 못 이루기도 했고요. 많은 책을 읽고, 여러 사람을 만나고, 다양한 일을 해 본 뒤 가장 소중하게 여기게 된 것이 바로 평범한 삶이에요.

어떤 마음으로 건넨 대답인지 알 수 있을 것 같습니다. 그렇다면 최근에 몰두하고 있는 일은 뭔가요?

조금 덜 바쁘고 좀 더 효율적으로 살기요. 북튜버 활동을 시작한 뒤 생각지도 못했던 사랑을 받으면서 삶이 자유로워졌어요. 목소리를 녹음해 영상을 만드는 일은 시간과 장소의 제약이 덜하거든요. 그러면서 한편으론 할 수 있는 일이 늘었어요. 구독자분들의 뜻이 모여 책 읽기 모임이 열렸고, 제가 그곳에 참여하면서 여러 과정이 생겼거든요. 지금은 학년제로 프로그램을 운영하고 있어요. 바쁜 나날이 이어질수록 그 안에서 균형을 찾으려고 항상 애써요. 마음이 여유로워야 제 앞에 있는 사람들에게 진심을 나눠줄 수 있으니까요.

한창 이야기를 나누다 보니 벌써 시간이 이렇게 되었네요. 이제 마지막 질문만 남겨 놓고 있습니다. 책장에 단 한 권의 책만 남겨 둔다면 어떤 책을 고르시겠어요?

와, 대답하기 쉽지 않은 질문이네요. 아마도 '꽃들에게 희망을'일 거예요. 그 책이 제 인생을 통틀어 가장 큰 영향을 주었거든요. 끝까지 포기하지 않는 애벌레의 모습이 아직도 가슴에 남아 있어요.

진솔하게 대답해 주셔서 감사합니다. 생각이 깊어지는 시간이었어요. 책추남 님이 만들어갈 앞으로의 여정, 계속 응원하겠습니다.

저도 행복한 시간이었습니다. 제 이야기를 하는 것이 쑥스럽기도 했지만, 많이 웃고 많이 되새기는 시간이었어요. 제게 건네주신 말처럼 앞으로도 영혼에 울림을 주는 책들로 내면을 채워가도록 하겠습니다.

꽃들에게 희망을

트리나 폴러스 글 · 그림

트리나 폴러스가 쓰고 그린 세계적인 베스트셀러 그림책. 출판사 시공주니어 판본에 있는 표지 속 글이 미소를 자아낸다.

"삶과 진정한 혁명에 대한, 그러나 무엇보다도 희망에 대한 이야기. 어른과 그 밖의 모든 이들을 위한 이야기. (글을 읽을 줄 아는 애벌레를 포함하여)"

많은 이들의 가슴에 깊은 인상을 남긴 책인 만큼 수십 년의 시간 동안 여러 출판사를 통해 소개되었고, 지금도 판매되고 있

는 여러 판본이 존재한다. 판본의 숫자만큼 번역자도 여럿이
다. 각각의 글맛을 느껴보는 것도 재미있을 듯.
세상을 향해 나아가는 애벌레가 삶의 의미를 찾는 순간순간이
인상적이다.

책 추천해 주는 남자, 책추남TV 편

지식의 등불

그가 건네는 이야기는 어둠을 밝히는 불빛 같다. 눈이 부실 만큼 거북스럽지 않고, 발밑을 딱 적당하게 비춰주는 작고 동그란 등불 말이다. 복잡한 지식의 미로 속에서 그는 듣는 이가 길을 잃지 않도록 자상하게 이야기를 풀어 나간다. 얽히고설킨 정보가 우리를 괴롭히는 요즘 세상에서 잘 여문 지식 하나를 건네받을 수 있다는 건 무척 반가운 일이다. 그래서일까. 책추남 님의 이야기를 듣다 보면 가끔씩 받아 적고 싶다는 생각이 용솟음친다.

긍정의 에너지

그의 말에는 유독 힘이 있다. 이해하고 행동하는 사람 특유의 분위기가 자연스레 배어나온다. 그건 아마도 나눔을 힘들어하지 않는 그의 성격 탓일 게다. 그는 아는 것을 나누고, 읽은 것을 나누고, 깨달은 것을 나누는 데 주저하지 않는다. 또한 책을 볼 수 있는 눈에 감사해 하고, 글을 쓸 수 있는 손에 감사해 하고, 녹음을 할 수 있는 목소리에 감사해 한다. 이런 자세가 기분 좋은 에너지가 되어 듣는 이에게 고스란히 전달된다.

의외의 허당미

무척 똑똑해 보이는 그에게도 치명적인 약점이 있다. 맞다. 그는 기계치다. 북튜버가 된 지 한참이 지났지만, 아직도 휴대폰의 녹음 기능 하나로 삼십 분짜리 영상을 만든다. 그런데 이런 소박한 방식이 의외의 효과를 불러오기도 한다. 목소리에 오롯이 집중할 수 있는 분위기가 형성되는 것. 움직임이 없는 영상도 마찬가지다. 세련된 디자인이 넘쳐나는 요즘, 수작업 분위기가 물씬 풍기는 그 화면이 부쩍 정겹게 느껴진다.

여유와 낭만

책 읽는 다락방 J

작업 공간 입구에 단정히 놓여 있는
기타를 가리키며 물었을 때,
책 읽는 다락방 J 님이
너털웃음을 터뜨리며 대답했다.

"그 사진 속의 기타는 옆방에 있어요. 학창 시절에 돈을 모아 샀던 첫 번째 기타예요. 제가 고등학교에 다닐 때 노래 좀 부르는 성당 오빠였거든요. 노래는 지금도 좋아해요."

작업 공간 입구에 단정히 놓여 있는 기타를 가리키며 물었을 때, 책 읽는 다락방 J 님이 너털웃음을 터뜨리며 대답했다.

"유튜브 영상 첫머리에 등장하는 다락방 사진을 어떻게 고른 거냐고 사람들이 가끔 물어요. 그런데 거긴 제가 한동안 묵었던 실제 다락방 사진이에요. 어디 외국이냐고요? 하하, 아니에요. 방배동이에요. 남태령 고개 부근이요."

잠시 혼자 지내야 할 장소로 다락방을 골랐을 때, 그의 눈에 먼저 들어온 건 지붕 모양을 따라 놓여 있는 천장의 모습이었다고 한다.

"방 한가운데 허리를 펴고 서면 성인 남자 키에 천장 높이가 딱 맞았어요. 그 옆쪽으론 고개를 살짝 숙이고 다녀야 했지만, 그래도 쓸 수 있는 방이 두 개나 더 있고 나름 괜찮은 공간이었어요."

여유롭게 이야기하는 그의 얼굴에서 소년 같은 장난기가 묻어 난다.

"고등학교 3년 내내 반장을 도맡아 했어요. 그런데 학생들을 모아 억지로 공부시키는 저녁 자율 학습 시간에 담을 넘어 도망치는 일도 제가 항상 일등이었어요."

그렇게 보러 간 생애 첫 연극이 자신의 인생을 송두리째 바꾸었다고 말하는 그의 눈에서 작은 별이 반짝거렸다.

사실 그의 인생은 극적인 선택의 연속이었다. 막연하게 의대를 꿈꾸던 우등생에서 연극영화과 수석 입학생으로, 갈채를 받던 연극

주연 배우에서 광고 회사 신입 사원으로, 한국과 호주를 넘나드는 광고 제작자에서 매일 책과 만나는 유튜버로. 어느 것 하나 녹록치 않았을 선택의 기로에서 그를 항상 나아가게 만든 것은 무엇이었을까? 아마도 탁월한 현실 감각과 꿈꾸는 힘이 아니었을까 싶다.

아무것도 모른 채 처음 북튜버를 시작했을 무렵에도 그는 영상에 책을 담기 전에 출판사의 허락부터 구했다고 했다. 그러면서 구독자가 채 열 명이 되지 않던 시절에도 듣는 이의 감성을 위해 문장과 문장 사이의 호흡 길이를 조절하려 애썼다. 그리고 많은 이들의 관심을 받게 된 지금, 여전히 초 단위로 영상을 편집하며 자신과의 싸움을 계속하고 있다. 그는 말한다.

"단정한 게 가장 아름답습니다."

차분한 눈빛과 낯익은 목소리, 장인정신이 빚어낸 아름다운 영상만큼이나 명쾌하고 깔끔했던 그와의 대화를 지금부터 들려주려 한다.

성우로 활약했다는 이야기를 듣고 좀 놀랐습니다. 정말 다채로운 인생을 사셨네요.

전업 성우는 아니었고요, 우연히 그런 기회가 온 거였어요. 광고를 찍다 보면 결이 다른 목소리가 필요할 때가 있어요. 전문 성우의 목소리는 너무 꽉 차 있고, 그렇다고 아무 경험 없는 사람을 쓸 수는 없고. 그럴 때 후배 감독들이 절 붙들고 도움을 요청했어요. 제가 연극을 했잖아요. 아무래도 호흡이 안정되어 있다 보니 제 목소리가 쓸 만하단 생각을 했었나 봐요.

혹시 그렇게 녹음했던 광고 가운데 기억나는 대사가 있나요?

"난 누구하고 닮았단 말은 듣기 싫다. 난 나만의 음악을 고집한다."

이정재 씨가 찍었던 첫 초콜릿 광고에 등장하는 젊은 남자 목소리가 바로 저예요, 하하.

영상 속 J 님의 목소리가 매끄럽게 들렸던 이유가 있었네요. 유튜브에 올려둔 영상을 보면 그 안의 목소리가 조금씩 다른데, 일부러 톤을 조정하는 건가요?

네, 맞아요. 책의 내용에 맞춰서 목소리 색깔을 달리해요. 작가의 심정이 고스란히 드러나는 에세이는 내 이야기처럼 나직하고 부드럽게 읽으려 애쓰고, 사실을 명확하게 전달해야 하는 자기계발 서적들은 또렷하고 강렬한 목소리로 작업을 해요.

초창기 영상 속 목소리와 최근 영상 속 음성도 제법 다르게 들리던데요.

이 일을 시작할 때 제가 구입했던 마이크가 턱 밑에 바로 대고 말해야 하는 저렴한 제품이었어요. 그러다 보니 저절로 읊조리듯 말을 하게 되더라고요. 요즘은 예전보다 성능이 훨씬 좋은 마이크를 사용하고 있어서 상대에게 이야기를 전하는 기분으로 녹음을 해요. 그래서 변화가 눈에 띄는 것 같아요.

J 님의 목소리에는 편안함이 배어 있어요. 영상 속 목소리에 귀를 기울이다 보면 삼십 분이 훌쩍 흘러가더라고요. 북튜버란 직업은 책이 위주가 되는 작업을 하잖아요. 본인이 책을 참 좋아하는 사람이란 걸 처음 느낀 건 언제인가요?

제가 초등학교에 다닐 때, 맞다, 그때는 국민학교라고 했지요. 그 시절에 부모님이 자영업을 하셨어요. 가게 안쪽에 가족이 생활하는 살림집이 있고, 바깥채를 나서면 바로 옆에 홍익서점이라는 책방이 있었어요.
주변 가게 사장님들은 다들 부모님 연배의 분들인데, 그 서점의 사장님은 유독 젊었어요. 손님이 없을 땐 서점 한쪽에서 통기타도 치고, 흥얼거리며 노래도 부르고, 지금 생각하면 낭만이 있었지요.

부모님이 가게 일로 바쁘시다 보니, 저는 틈만 나면 서점에 들러 책을 읽었어요. 한번 잡으면 밥 먹어란 소리가 들릴 때까지 손에서 책을 놓지 않았던 것 같아요. 다행스럽게도 서점 사장님이 그런 저를 귀여워해 주셨어요. 거기서 빨간 표지에 금박이 박힌 세계 명작 시리즈를 처음 접했는데, 한 권 한 권 읽을 때마다 가슴에 무언가 뭉클거리는 느낌이 있었어요. 그때였던 것 같아요. 책이 참 좋은 것이라는 생각이 들었던 게.

그럼 그 이후에도 책을 계속 가까이했나요?

중학교에 다닐 때까진 그래도 제법 읽었는데, 고등학교에 들어가서는 오히려 책과 멀어졌던 것 같아요. 그러다가 대학을 졸업하고, 광고 회사에 들어간 이후에는 직업 정신으로 어쩔 수 없이 책을 끼고 살았어요. 창작의 열쇠를 어떻게든 찾아내야 했으니까요. 영화, 잡지, 책, 공연, 음악까지 새로운 시야를 열 수 있는 대상이면 닥치는 대로 뭐든 붙잡았던 것 같아요. 다시 책을 차분하게 들여다본 건 북튜버를 해보겠다고 어렵게 마음먹은 이후였어요.

그렇게 바쁘게 살아가다가 유튜브라는 낯선 세계에 발을 들이게 된 계기는 무엇이었나요?

아주 우연한 계기였어요. 제가 일하던 광고업계는 워낙 새롭고 기발한 것에 대한 요구가 많아서 그 안에 있는 사람들이 쉽게 지쳐요. 저도 그랬어요. 하루하루 스트레스가 쌓여 갔지요.
그러던 어느 날 예전에 함께 일했던 직원과 문득 마주쳤어요. 호주에서 프로덕션을 운영할 때 고생을 같이 했던 사이라 무척 반갑더라고요. 자리를 잡고 앉아서 이야기를 나누는데, 그 친구가 유튜브 영상 하나를 보여줬어요. 요즘 같은 시대에 책 소개가 웬 말이냐며 고개를 저었더니, 대뜸 그러는 거예요.

"대표님, 이 영상의 조회수가 백만이 넘어요."

그 말을 듣고도 별 감흥이 없었어요. 책을 들고 번지 점프를 하는 것도 아니고, 오디오북과 엇비슷한 그런 영상물에 눈길을 주다니 참 신기하다는 마음 정도였어요. 그렇게 한 달쯤 흘렀을까요. 새벽에 회사 문을 나서는데, 문득 이런 생각이 들었어요.

'책이라…, 딱 일 년만 제대로 읽어 볼까. 그러다가 안 되면 그냥 소리 소문 없이 채널을 접으면 되지 않을까.'

그러고 나서 제가 했던 첫 번째 일이 영상으로 만들 책의 출판사에 이메일을 보내는 것이었어요. 사실 키보드 앞에 앉아서 편지를 쓰면서도 확신이 없었어요. 아직 올려놓은 영상도 없는 초보 유튜버에게 어느 출판사가 반응을 해줄까 회의적인 생각이 들었거든요. 그런데 감사하게도 답장이 왔어요. 그래서 첫 책부터 걱정 없이 시작을 했지요.

그때 고른 첫 번째 책이 무엇이었나요?

환상문학 걸작선이요. 그 안에 들어 있는 소설 가운데 '금발의 에크베르트'를 선택했어요. 독일 작가의 단편이었지요.
첫 영상인데도, '안녕하세요. 오늘 영상을 처음 올린 제이입니다.' 그런 소개말을 넣지 않았어요. 지금 생각해 보면 누군가가 내가 읽는 책 자체를 들어 주었으면 하는 마음이었던 것 같아요. 한 시간 정도 분량이었는데, 영상 앞쪽에서 작가를 소개하고 그 뒤로는 담담하게 글만 읽었어요.

그때 녹음하는 데 두 시간이 조금 넘게 걸렸던 것 같아요. 그렇게 긴 시간 동안 소리 내어 책을 읽어본 건 처음이었어요. 초창기부터 제 채널을 찾아 주신 분들은 그때의 목소리가 더 좋았다고 가끔 이야기하세요. 저는 그저 글의 내용과 어울리는 목소리를 내려고 애썼는데, 그 분위기가 편안하게 와 닿았나 봐요, 하하.

마음을 움직이는 에세이 작품들을 영상에 즐겨 담으시지요. 책 선택은 어떻게 하시나요?

무엇보다 읽고 나서 잔잔한 울림이 남는 책이 좋아요. 글맛이 좋은 책엔 더 눈길이 가고요. 책을 소리 내어 읽다 보면 하나하나 느낌이 달라요. 일 인칭 시점의 글을 읽을 땐 감정 이입이 잘 되고요. 그러다 보니 에세이를 자주 고르게 되는 것 같아요.

책 한 권을 영상 안에 매끄럽게 담으려면 적지 않은 시간이 소요되지요. 책을 고르고, 녹음을 하고, 영상을 만드는 데 시간을 어느 정도 할애하나요?

영상 하나를 완성하는 데 꼬박 이틀은 필요해요. 40권 정도를 쌓아 놓고 책을 고르는데, 이 작업에만 온종일이 걸리는 경우도 있어요. 그렇게 한 권을 선택하고 나면 일단 찬찬히 보기 시작해요. 목차부터 꼼꼼하게 한 줄 한 줄 읽다가 마음에 드는 부분이 나타나면 작은 포스트잇으로 표시를 해

뒤요. 그런 다음 또 읽고, 그러다가 다시 표시를 하고.

전체적으로 한번 살핀 후에 영상의 앞과 뒤에 들어갈 원고를 작성해요. 원고를 다 쓰고 나면 책을 펼쳐서 표시해 둔 부분을 다시 읽어요. 그렇게 해서 최종적으로 세 부분 정도를 고른 뒤에 녹음을 시작해요.

유튜브에 첫 영상을 올릴 때 작업 시간이 얼마나 걸렸는지 기억하시나요?

대략 반나절 넘게 끙끙댔던 것 같아요. 화면과 소리를 다루는 일에는 이골이 났지만, 프로듀서 역할을 오래 해서 그런지 실무적인 부분은 잘 모르겠더라고요. 기본적인 영상 제작 툴부터 손대기 시작했는데, 간단한 작업도 저한텐 쉽지가 않아서 한참을 헤매다가 겨우 영상 하나를 만들어냈어요.

그런 노고가 쌓여서 오늘날의 J 님이 이루어진 것이군요. 영상을 열면 첫 부분에 등장하는 깔끔한 로고가 인상적이에요.

아, 그거요. 딸이 선물해 준 거예요. 제가 북튜버를 한다는 걸 알고 직접 스케치를 해서 디자인을 하는 친구한테 찾아갔대요. 그래서 로고를 만들어 왔더라고요. 단정하게 놓여 있는 책이랑 그 아래쪽의 글씨가 마음에 들어서 예쁘게 잘 쓰고 있어요.

그러고 보니 자녀분들이 모두 예술 계통에서 스스로의 길을 걸어가고 있다고요.

네, 맞아요. 큰아이는 음악을 하고, 둘째는 연기를 하고 있어요. 큰애가 한창 대학을 다니다가 어느 날 음악이 너무 하고 싶다는 거예요. 그러더니 다니던 곳을 그만두고 음악 학교에 지원을 하더라고요. 사실 음악가의 길을 걷는다는 게 경쟁도 치열하고 버티기도 힘든 일이라 부모 입장에선 내심 걱정이 많았어요. 그런데 아이가 너무 즐거워하지 뭐예요. 조금씩 성장해 가는 모습을 보니 지금은 염려보다는 응원하는 마음이 더 커요. 둘째는 미국 드라마 시리즈물에서 배역을 맡았어요. 헤일로라는 작품인데, 거기서 관 하 역으로 나와요. 최근에 두 번째 시리즈 제작이 시작돼서 온종일 촬영지에서 지내는데, 거기서 가끔 연락을 해 와요.

각자 바쁘게 생활하고 있어서 자주 만나긴 힘들겠지만, 그래도 자녀분들 생각을 하면 가슴이 따스하겠어요.

네, 정말 그래요. 몇 년 전에 제가 마음이 많이 힘들어서 잠시 하던 일을 내려놓고 아이들을 보러간 적이 있어요. 그때 며칠 동안 별다른 이야기는 하지 않고 평소처럼 말하고, 같이 식사하고 그랬는데, 떠나기 하루 전날 큰아이가 저한테 그러는 거예요.

"아빠는 나한테 커다란 나무 같아. 그 모습 잃지 않고 살았으면 좋겠어."

아마 큰애는 잘 모를 거예요. 그때 그 말이 얼마나 큰 힘이 되었는지. 나이가 들면 자식과 친구가 되고, 인생에 관한 이야기를 나눌 시점이 온다는 게 비로소 실감이 났어요.

제 마음까지 따스해지는 기분입니다. J 님의 마음이 어느새 환해진 걸 아드님도 어렴풋이 느꼈을 것 같아요. 참, 작년 연말에 연극 무대에 섰다는

말씀을 들었는데요, 그 이야기를 좀 들려주세요.

그 일이 처음 시작된 게 해효랑 술자리에서 이야기를 나누면서였어요. (여기서 해효란 배우 권해효 씨를 말한다.) 마주앉은 자리에서 내가 무심코 속 이야기를 꺼냈어요.

"늙기 전에 다시 무대에 서 보고 싶은데, 이젠 그럴 기회가 없겠지?"

오랫동안 보아 왔던 터라 해효는 잘 알아요. 내가 연극에 얼마나 큰 애정을 갖고 있는지. 4학년 때 아일랜드라는 연극에서 내가 했던 연기를 아직도 기억하고 있더라고요. 해효가 그 말을 듣더니 당장 그러는 거예요. 러브레터라고, 나와 잘 어울리는 작품이 있다고요.

남녀 두 사람이 어린 시절부터 우정을 쌓아 오다가 나중에 각자 결혼을 한 뒤 서로가 사랑하는 사이임을 알게 되고, 그 이후 생각지도 못한 결말을 맞이하는 내용인데, 이 이야기가 전부 편지로 연결이 돼요. 대표적인 낭독극 가운데 하나지요. 상대 배우인 멜리사 역은 그때 해효 옆에 앉아 있던 조윤희 씨가 선뜻 맡아 줬어요. 사실 해효와 조윤희 씨가 부부 사이거든요. 그 후 4개월 동안 쉬지 않고 공연 준비를 했어요. 조윤희 씨가 운영하는 스튜디오에서 매주 밀도 있게 연습을 하고, 끊임없이 대사를 주고받았어요. 조윤희 씨는 그 공연을 여러 번 해서 편지 속 대사를 거의 외울 정도였어요. 그런데도 매번 절 위해 귀한 시간을 내준 거예요. 그 해 12월에 드디어 막이 올랐는데, 해효가 직접 발로 뛰며 시장에서 천까지 끊어 와서 무대를 꾸며 줬어요.

마침 그날 어머니가 팔순 생신을 맞으셨어요. 그래서 그 자리에 모시고 제 무대를 보여드렸어요. 사실 그때 어머니는 제가 하는 연기를 처음 보신 거예요. 고등학생 시절, 제가 연극영화과 진학을 결정했을 때 담임선생님의 반대가 무척 심했어요. 그래서 어머니에겐 아예 말씀도 드리지 않고 제 마음대로 원서를 넣었거든요. 그래서 대학에 다니는 내내 죄송한 마음이 컸어요. 그날 제가 하는 연극을 보시곤 어머니가 무척 기뻐하셨어요. 송구한 마음을 뒤늦게나마 갚은 기분이었어요.

어머님이 많이 흐뭇해 하셨을 거란 생각이 듭니다. 말씀을 듣다 보니, 삶을 꽉 채워 살아가고 계신 것 같아요. 혹시 가끔 맞는 한가한 시간에는 무엇을 하며 보내시나요?

고등학교나 대학 시절 친구들과 회포도 풀고, 옆 동에 살고 계신 어머니 댁에서 식사를 함께 하기도 해요. 날이 좋을 땐 산에도 종종 오르고요. 제가 사는 아파트 단지 뒤편에 광교산이 있어요. 틈날 때마다 거기 가서 저수지 주변도 산책하고 약수도 떠 와요.

앉아 있는 시간이 워낙 긴 편이라, 몸이 쉽게 피로해져요. 그래서 일부러라도 시간을 내어 부지런히 움직이려 애써요. 평소에 산뜻한 몸 상태를 유지해 둬야 목소리도 제대로 낼 수 있거든요.

어떤 일이든 철저한 자기 관리가 가장 중요한 법이지요. 평소 책 읽기에 많은 시간을 할애하고 계시는데요, 최근에 읽었던 책 가운데 특별히 기억에 남는 것이 있을까요?

음…, '나라면 나와 결혼할까?'요.

제목이 흥미롭네요.

맞아요. 그 책을 읽으면서 여러 가지 생각을 했어요. 거기에 그런 내용이 나와요. 결혼은 품위 있는 사람과 해야 한다고요. 혼자 이끌어 가는 삶과 둘이 나누는 삶은 분명히 결이 달라요. 누군가와 남은 생을 온전히 함께한 다는 건 결코 쉽지 않은 일이니까요. 나도 쉽사리 이해하기 힘든 내 자신을 있는 그대로 받아 주는 배우자를 만난다는 것, 참 어렵고 소중한 일인 것 같아요.

나라면 나와 결혼할까, 한 권의 책이 우리에게 내미는 뜻 깊은 질문이네요. 한번 여쭤보고 싶었어요. 책은 사람에게 어떤 의미가 되어야 할까요?

글쎄요…, 반딧불이 아닐까요? 살다 보면 인생이 캄캄할 때가 있어요. 누구에게 물어도 시원한 대답은 나오질 않고, 그저 막막하고 답답하지요. 그럴 때 책이 작은 빛이 되어줄 수 있어요. 마치 눈앞에서 반짝이는 반딧불처럼.

마음이 힘들 때 진심이 담긴 책 한 권이 귀한 위로가 되어주곤 해요. 답을 알지 못할 때, 지혜가 담긴 책 한 권이 소중한 길잡이가 되어 주지요. 하지만 기억해야 해요. 책이 모든 걸 해결하는 만능열쇠는 아니에요. 책은 계기를 주지만, 그걸 행동으로 옮기는 건 온전히 우리의 몫이니까요.

선명하면서도 아름다운 대답이네요. J 님은 여러 고민 끝에 북튜버라는 특별한 직업을 선택하게 되었잖아요. 혹시 북튜버를 새롭게 시작하려는 분들에게 전하고 싶은 말이 있나요?

자신만의 솜씨로 책을 맛깔나게 빚어내는 요리사가 되어야 한다고 말해

주고 싶어요. 같은 재료를 받아 들어도 요리하는 사람마다 결과물은 모두 다르잖아요. 책도 마찬가지예요. 똑같은 책을 읽어도 느낌은 사람마다 달라요. 북튜버는 그 지점을 소중하게 여겨야 해요.

책 한 권을 볼 때 어느 문장을 중요하게 다룰지, 작가의 생각을 어떤 방향에서 읽어낼지, 자신의 의견은 무슨 색깔로 담아낼지, 그런 것들을 끊임없이 고민해야 해요. 그런 생각이 쌓이고 쌓일 때 비로소 자신만의 영상을 만들어 낼 수 있어요.

그리고 무엇보다 중요한 것은 관심이 가는 분야를 찾아야 한다는 거예요. 그저 조회수에 연연해서 책을 고르면 북튜버 활동을 지속하기 힘들어요. 경제서든, 소설이든, 자기계발서적이든 스스로 읽을 때 재미가 있어야 듣는 사람한테도 그 느낌을 전달할 수 있어요.

자신만의 색깔로 책을 담아낸다는 이야기가 마음에 와 닿습니다.

유튜브를 처음 시작하는 사람들은 흔히 영상의 겉모습에 신경을 써요. 하지만 중요한 건 내용이에요. 눈에 띄는 영상을 올려놓으면 일단 한번 눌러보긴 하지만, 알맹이가 없으면 다시는 그 채널에 들어오지 않아요. 누군가가 북튜버를 시작한다면, 책의 내용에 먼저 집중하고, 그 책의 가치를 잘 보여줄 수 있는 깔끔한 영상을 만드는 데 정성을 쏟으라고 말해주고 싶어요.

이렇게 이야기를 나누다 보니, 어느새 창밖에 노을이 내려앉기 시작했어요. 이제 두 가지 질문만 남겨 놓고 있습니다. 사회에 첫걸음을 내딛는 20대의 나 자신을 딱 5분 동안 만날 수 있다면, 어떤 말을 해주고 싶은가요?

20대의 나…, 당시 기억들이 머릿속에 떠오르네요. 만약 그때의 나를 만난다면, 이렇게 말해 줄 것 같아요.

"현실적인 문제와 이루고 싶은 꿈 사이에서 어려운 선택을 해야 할 순간이 앞으로 여러 번 있을 거야. 그럴 때 한 번쯤은 눈 딱 감고 꿈을 따라가 봐."

지금까지 살아오면서 어떤 일이든 최선을 다했어요. 그래서 큰 후회는 없어요. 하지만 한두 번쯤 꿈을 좇았어도 좋았을 텐데 하는 아쉬움이 마음 한구석에 남아 있어요.

저는 현실 감각을 중요하게 여기는 편이라 대학을 졸업할 때 영화감독의 꿈을 뒤로하고 결국 광고 회사에 취직을 했어요. 그 즈음 영화 쪽 일을 하려면 조감독 자리부터 시작을 해야 했거든요. 월급도 얼마 받지 못하고 그저 열정으로 버텨야 하는 상황이었어요.

당시 저는 학비를 전부 제 손으로 마련했어요. 장학금도 타고, 아르바이트도 하면서. 그런 상황이라 영화에 훌쩍 뛰어들지 못하고 광고 쪽으로 방향을 틀었지만, 그 후로도 오랫동안 그리움이 남았어요.

영화 현장 한가운데 있는 J 님의 모습이 눈앞에 살며시 그려지네요. 이제 마지막 질문입니다. 나만의 다락방에 단 한 권의 책만 놓아둘 수 있다면, 어떤 책이 J 님의 손에 들려 있을까요?

어린 왕자요. 그 책을 처음 만난 게 제가 열 살 무렵이었을 거예요. 이웃에 친한 형이 있었는데, 어느 날 그 책을 선물로 줬어요. 그때는 그냥 책 속의 그림과 글이 좋아서 마냥 신나게 읽었는데, 시간이 지나면서 그 안의 의미가 자꾸만 새롭게 다가오더라고요.

지금도 그 책을 읽으면 저도 모르게 눈물이 맺혀요. 문장 하나하나가 가슴에 고여서요. 일 년에 몇 백 권의 책을 읽지만, 언제나 가장 가까운 자리에 놓여 있는 건 어린 왕자예요.

오랫동안 가슴속에 간직할 수 있는 책 한 권이 있다는 건 큰 행운이라고 생각합니다. J 님은 그런 행운을 지닌 분이네요. 긴 시간 함께해 주셔서 감사합니다. 뜻 깊은 대화였어요.

저도 시간 가는 줄 모르고 이야기를 나눴습니다. 어느새 창문 밖이 어두워졌네요. 오늘 감사했습니다.

어린 왕자

앙투안 드 생텍쥐페리 지음

조종사이자 작가였던 생텍쥐페리가 써낸 자전적 이야기.
1943년에 처음 출간되어 200개 이상의 언어로 번역되었다. 어느 집 책장이든 한 권씩은 꽂혀 있는 영원한 고전으로, 마음을 움직이는 깊은 문장들이 책 곳곳에서 별처럼 반짝인다. 생텍쥐페리는 말한다.

"어른도 한때는 어린아이였다. 하지만 대부분 이 사실을 기억하지 못한다."

소유하는 기쁨을 제대로 알게 해 주는 책이지만, 막상 구입하려고 도서 판매 사이트를 뒤적이다 보면 어느새 고민에 휩싸이게 된다. 유명한 책인 만큼 다양한 출판사에서 펴낸 여러 가지 판본이 우리를 바라보고 있기 때문이다.

만약 이 책을 사고자 한다면 오랜만에 서점에 들러 보길 권한다. 그곳에서 여러 판본을 비교해 보고 마음에 드는 것을 골라 보자. 이때 어린이용 판본도 빼놓지 말 것. 의외로 아름다운 번역본을 만날 수 있다.

본인도 모른다!
구독자를 끌어당기는 숨은 매력_히든 포인트

책 읽는 다락방 J 편

경험에서 우러나오는 여유로움

다양한 직업을 진하게 겪어낸 J 님의 경험치는 책을 소리 내어 읽는 순간 오롯이 그만의 능력으로 변환된다. 그는 작가의 진심이 담긴 자전적 에세이를 즐겨 낭독하는데, 이때 삶을 관조하는 자세에서 범접하기 힘든 여유로움이 배어난다. 인생에는 결코 공짜가 없어서 자신이 겪은 만큼 세상을 깊게 바라보게 된다. 듣는 이에게 편안하게 스며드는 J 님의 목소리에는 그가 살아온 지난날이 고스란히 담겨 있다.

레트로 감성 짙은 낭만

디지털이 삶에 스며든 이 시대에, 그는 여전히 연극 무대에 올라 사람들과 마주하고, 작업실 한구석에 놓아둔 기타를 연주한다. 그래서일까. 그가 만들어낸 영상들은 라디오를 즐겨 듣던 그 시절로 우리를 데려가곤 한다. 밤 열 시면 들려오던 반가운 인사말처럼 낭만적인 느낌이 화면 속에 가득하다. 영상 첫머리에 등장하는 다락방 한쪽 벽엔 크고 작은 액자가 가득한데, 그 안에 어떤 이야기가 담겨 있을지 살며시 궁금해진다.

지독한 완벽주의

들숨 날숨의 길이까지 조절해 목소리를 담아낸다는 말에서도 짐작할 수 있듯이, 그는 타협을 불허하는 철저한 완벽주의자다. 고무적인 사실은 그런 완벽주의를 순수하게 자신의 작업에만 발휘한다는 것. 커피는 즐기지만 세분화된 맛은 아직도 모르겠다는 털털한 고백에서도, 짜장면을 주문할지 짬뽕을 고를지 매번 고민이라는 평범한 말속에서도 인간적인 편안함이 묻어난다. 하지만 책과 관련된 일에서는 스스로를 괴롭히게 된다는 그를 대하며 삼십 분을 넘나드는 영상이 왜 그렇게 짧게 느껴지는지 이유를 알 것 같았다.

이 그림을 스마트폰 카메라로 비춰 보세요.
화면을 터치하면 지유의 별밤 라디오 님의 목소리를 들어볼 수 있어요.

따스한 감성

지유의 별밤 라디오

그녀에겐 대화를 나누며 보여 주는
혼자만의 버릇이 있다.
일단 말을 꺼낸 사람 쪽으로 고개를 돌린다.
그리고 동그란 눈으로 가만히 바라본다.

"아침 일찍 숙소를 나서서 시장에 갔어요. 시끌벅적한 광경에 눈이 부시더라고요. 어제까지만 해도 지구 반대편에 있던 사람들인데 이렇게 눈앞에서 웃고 떠드는 모습을 보니 나도 모르게 마음이 벅차올랐어요."

밤늦게 프라하에 도착하고 다음날, 일찌감치 거리로 나섰다. 그러다 마주친 새벽시장에서 한동안 발길이 머물렀다고 그녀는 말했다. 큰맘 먹고 떠났던 여행이 지금도 기쁘게 남아 있다며 웃는 모습이 환했다.

그녀에겐 대화를 나누며 보여 주는 혼자만의 버릇이 있다. 일단 말을 꺼낸 사람 쪽으로 고개를 돌린다. 그리고 동그란 눈으로 가만히 바라본다. 상대가 어떤 이야기를 건네던 오래 들어줄 기세다. 벌써부터 입가엔 미소가 어리기 시작한다. 만난 지 몇 시간 지나지 않았는데도 마음에 따스함이 번졌다. 지유 님은 그렇게 자연스레 스며드는 세심함을 지녔다. 사랑을 듬뿍 받은 사람 특유의 단단함도 엿보였다.

"창업을 해 보기로 용기를 내었어요. 마음에 둔 일을 행동으로 옮겨 봐야 후회가 없을 것 같아서요. 동생이 다니던 회사를 그만두고 절 돕겠다고 나서줬어요. 한 편으론 고맙고, 다른 한편으론 어깨가 무거웠어요."

오랜 시간 가까이 지켜본 이가 선뜻 손 내밀 수 있는 사람. 가장 얻기 힘들다는 가족의 신뢰를 그녀는 이미 갖고 있었다. 지유 님은 책임감을 느끼고 있다지만, 언니의 곁을 선택한 동생은 어쩌면 매우 현명할지 모르겠단 생각을 해 보았다. 한나절을 겨우 함께했을 뿐인데도 그녀의 믿음직함을 알아챌 수 있었으니 말이다.

어린 시절, 책읽기를 유난히 좋아했던 소녀는 어느새 키 큰 어른이 되어 삶을 야무지게 꾸려가고 있다. 지유 님의 목소리가 힘을 주는 건 분명 힘찬 내면이 배어 나와서일 거다.

"프라하의 노천카페에 앉아 있을 때 엄마가 정말 행복해 하셨어요. 앞으로도 가끔 함께 떠나려고요."

그녀의 얼굴에 건강한 미소가 한가득 번졌다.

써니즈 님과의 인터뷰 이후 또다시 대전을 찾았습니다. 정겨운 느낌이 드는 이곳에서 만남을 갖게 되어 기쁜 마음입니다. 지유 님의 목소리를 듣다 보면 따스함이 묻어나는 느낌이 듭니다. 누군가를 위해 책을 읽어주겠다는 마음을 먹은 건 언제부터였나요?

대학을 졸업한 뒤 취업을 했어요. 그곳에서 6년 넘게 일을 하다 보니, 자신만의 공간을 갖고 싶다는 생각이 들기 시작했어요. 물리적인 공간이 아니라, 정신적인 공간을요.

혼자 해낼 수 있는 작은 일이 무엇일까 생각하다가, 책을 소재로 유튜브를 해 보면 어떨까 하는 아이디어가 떠올랐어요. 제가 책 읽기를 본격적으로 즐기게 된 게 직장 생활을 시작하고 몇 년 지난 뒤였거든요. 예전에는 입시를 위해 어쩔 수 없이 해야 하는 일이라고만 생각했어요. 이렇게 좋은 걸 왜 진즉 몰랐을까 하다가, 읽은 책을 요약하는 영상을 만들면 좋겠다는 생각을 해 봤어요.

그렇게 반년을 꾸준히 했는데, 너무 반응이 없어서 고민이 되더라고요. 그러던 차에 유튜브 채널을 운영한다는 사실을 회사에서 알게 되었어요. 얻은 수익이 하나도 없다 보니 오히려 별 말씀이 없더라고요. 울지도 웃지도 못하는 그런 일을 겪고 나서 한동안 고민하다가, 낭독 채널을 새롭게 만들어봤어요. 그렇게 시작하게 되었어요.

두 번째로 시작한 채널이 별밤 라디오였군요. '지유의 별밤 라디오'라는 닉네임이 친근하게 느껴집니다. 혹시 별밤 애청자였나요? 이렇게 다정한 닉네임은 어떻게 짓게 된 건가요?

엄마가 별밤을 즐겨 들으셨대요. 첫 번째도 그랬지만, 두 번째 유튜브 채널을 만들 때도 주위 사람들한텐 비밀로 했어요. 어떤 결과가 나올지 모르니까 선뜻 말을 꺼내기가 힘들더라고요.

채널을 하나 더 만들기로 결심하고 이름을 열심히 고민하는데, 지유의 라디오 정도만 생각이 났어요. 그런데 엄마가 별밤을 가운데 넣으면 어떻겠냐고 의견을 주셨어요. 붙여서 읽어 보니까 이거다 하는 생각이 들었어요. 그래서 '지유의 별밤 라디오'가 된 거예요.

정감 있는 닉네임이 집단 지성의 결과물이었네요. 글을 참 잘 쓰시는 것 같아요. 인트로 부분에서 건네는 말들이 다음에 펼쳐질 내용을 기대하게 만들더라고요. 혹시 학창 시절에 문학소녀였나요? 아니면 예전부터 글 쓰는 걸 좋아했나요?

문학소녀는 아니었고요, 이것저것 끄적거리는 걸 좋아하긴 했어요. 사실 영상 앞쪽에 들어갈 인트로 원고를 쓰는 게 항상 힘들어요. 어떨 땐 그걸 쓰느라 하루 종일 끙끙댈 때도 있어요. 운이 좋으면 금세 생각이 나는데, 대부분 고민하며 한 줄 한 줄 써내려가요. 그래도 지금은 많이 나아진 거예요. 처음엔 한 줄 쓰는 게 너무 힘들어서 고생을 많이 했어요. 그래도 일년 넘게 하다 보니 글의 방향을 잡는 데 제법 익숙해진 느낌이에요.

맞아요. 뭐든 꾸준한 게 가장 중요한 것 같아요. 갖고 계신 이미지와 지유라는 닉네임이 잘 어울립니다. 그 안에 어떤 의미가 담겨 있나요?

지혜가 흐른다는 뜻을 담아 보았어요. 여러 가지를 궁리하다가 이 이름이 떠올랐을 때 반짝하고 신호가 왔어요. 막상 정하고 보니 부르기도 쉽고 단정한 느낌이 들어서 잘 골랐다 싶더라고요. 영상을 시청해 주시는 분들 가운데 제 본명을 지유로 알고 계신 경우도 가끔 있어요, 하하.

멋진 뜻을 가진 이름이네요. 올려두신 영상을 하나하나 보다 보면 목소리에 진심이 담긴 걸 알 수 있어요. 마음에 와 닿는 책을 소개한다고 했는데요, 그러한 책을 고르는 과정이 궁금합니다.

서점에 가서 살펴보는 걸 좋아해요. 일단 책장에 다가가서 거기 꽂힌 책들을 죽 둘러봐요. 그러다가 제목이 마음에 들면 바구니에 선뜻 담는 편이에요. 그러다 보면 어떨 땐 열 권 가까이 되는 경우도 있어요. 그런 다음 집에 와서 구입한 책을 한 권씩 펼쳐 봐요. 저는 통째로 읽는 것보다 목차를 살펴본 뒤 눈길이 가는 부분부터 보는 걸 좋아해요. 그렇게 한 권 한 권 살피다가 어느새 코를 박고 읽게 되는 책이 있어요. 그런 책을 영상에서 주로 소개해요. 문제는 사 온 책들 가운데 아직 들여다보지도 못한 것들이 제법 된다는 거예요. 언젠가 읽어야지 하면서도 쌓인 책에 눈길을 주기가 쉽지 않더라고요.

책장에 쌓아둔 책은 우리 모두의 숙제지요. 지유 님의 영상을 뚫어지게 보다가 고개를 잠시 돌려본 적이 있어요. 굳이 자막을 읽지 않아도 말소리가

귀에 쏙쏙 들어오더라고요. 책의 내용을 머릿속에 그리면서 글을 읽어 주는 느낌이 들었습니다. 실제로도 그런가요?

네, 그런 편이에요. 생각해 보면, 읽으면서 머리에 그림이 그려지는 책이 더 재미있게 읽히는 것 같아요. 자연스럽게 그런 책을 자주 소개하게 되더라고요.

'선을 넘지 않는 사람이 성공한다'라는 책에 관해 이야기하며 따뜻한 거절에 관해 언급하셨어요. 어쩔 수 없이 누군가에게 거절의 말을 건네야 할 때 지유 님은 어떤 방법을 사용하나요?

어렵게 거절을 해야 할 땐 대안을 제시해요. 예전에 회사에 다닐 때 그런 경우가 종종 있었어요. 도저히 시간이 나질 않는데 업무와 관련된 도움 요청을 받을 때요. 그러면 이번 일은 힘들지만, 다음에 기회가 생기면 꼭 돕겠다고 이야기를 건네면서 거절의 뜻을 전했어요. 그리고 나중에 정말로 도울 일이 생기면 먼저 나서서 물어보곤 했어요.

그렇게 거절하면 다들 이해해줄 것 같아요. 영상을 보다 보면 중간에 목소리가 살짝 달라지는 부분이 있어요. 혹시 낮이나 밤, 새벽처럼 녹음하는 시간대에 따라 음성이 조금씩 바뀌는 편인가요?

차이가 크진 않지만 낮이나 밤에 목소리의 결이 달라지긴 해요. 주로 밤에 녹음을 하는데, 주말이나 쉬는 날엔 낮 시간에도 작업을 하거든요. 중간에 목소리가 바뀌었다고 미처 생각을 못했는데, 아무래도 읽을 부분을 나눠두었다가 서로 다른 시각에 녹음을 했었나 봐요.

저 같은 경우엔 기분이 목소리에 담기는 편이라 여유롭고 편안할 때 낭독을 하려고 애를 써요. 그런 시간이 밤 10시에서 12시 사이인데, 그때 녹음한 음성은 아무래도 차분한 느낌이 있어요.

그날의 분위기가 그날의 목소리를 만드는군요. '작은 별이지만 빛나고 있어' 영상에서 '그 사람을 가졌는가'라는 시에 대해 말씀을 건네셨어요. 지유 님의 삶 속에서 함석헌 시인의 이 시가 어떨 때 마음을 두드렸는지 조심스레 여쭤보고 싶어요.

연애를 하면서 마음앓이를 제법 했어요. 하루하루 힘든 시간을 견뎌내다가 제 쪽에서 결국 손을 놓게 되더라고요. 그때 우연히 그 시를 읽었는데, 가슴에 훅 하고 문장이 꽂혔어요.

온 세상 다 나를 버려
마음이 외로울 때에도
'저 맘이야'하고 믿어지는
그 사람을 그대는 가졌는가.

제가 이 시를 처음 만난 건 대학 시절 교양 과목을 수강할 때였어요. 문학과 철학에 관한 강의였는데, 당시에도 참 좋은 시구나 생각을 했어요. 그리고 잊은 채 살아왔는데, 어느 날 문득 만나게 된 거예요. 시가 내게 와주었다는 말을 그때 실감했어요. 내 안에 고요히 잠겨 있다가 마음이 힘들 때 가만히 다가와서 곁에 내려앉더라고요. 그 후로 가장 좋아하는 시가 되었어요.

한 편의 시가 건넨 따스한 위로가 마음 깊이 느껴집니다. 지유 님은 항상 기분 좋게 책을 읽어주시잖아요. 자신의 생각과 다른 일상이 펼쳐지는 날도 있을 텐데, 그럴 때 기분을 끌어올려 목소리에 긍정적인 에너지를 담는 자신만의 비결이 있을까요?

하루 일과를 마치고 녹음할 준비를 하면 저절로 기분이 좋아져요. 마음이 시끄러워도 책을 펼치면 어느새 가라앉더라고요. 사실 제게는 책을 마주할 때가 하루 중 가장 힘이 나는 시간이에요. 유난히 할 일이 많은 날엔 더욱 저녁 시간이 기다려져요.

회사에서 이런 저런 일들을 처리하느라 정신이 없을 때가 있어요. 규모가 작다 보니 한 사람이 여러 사람 몫을 해내야 하거든요. 그렇게 일을 해 나가다 보면 어느새 저녁이 되어 있어요. 그걸 알아채는 순간 깜짝 놀라서 얼른 직원들을 퇴근시켜요. 그러고 나서 지친 몸으로 회사 문을 나설 때 이런 생각이 떠올라요.

'곧 녹음을 할 수 있겠다….'

그러면서 집으로 향하는 발걸음이 빨라져요.

책을 읽을 때가 곧 치유의 시간이군요. 지유 님을 보면 부모님이 온화한 분들일 것 같아요. 어떤가요?

집안 분위기가 항상 밝아요. 엄마가 워낙 쾌활하신 편이라 늘 열린 마음으로 제가 하는 일에 의논 상대가 되어 주세요. 그래서 나이가 먹어갈수록 친구처럼 터놓고 지내게 되더라고요. 아빠는 차분한 가운데 말없이 지켜봐 주시는 스타일이에요. 어릴 때부터 저와 동생이 하는 일을 걱정하거나 간섭하지 않고 따뜻한 눈으로 바라보아 주셨어요. 덕분에 자유롭게 클 수 있었지요.

그래서 이렇게 따스하게 성장할 수 있었군요. 부모님께 큰 선물을 받은 것 같아요. 그러고 보니 지유 님의 어린 시절이 궁금해집니다. 혹시 소소한 에 피소드가 있을까요?

저는 잘 기억이 나지 않는데, 명절에 친척분들이 모이면 항상 빼놓지 않고 하시는 말씀이 있어요.

"네가 어릴 때 춤을 제법 췄는데, 호호."

어쩐 일인지 조금만 부추기면 앞으로 나서서 리듬을 타곤 했대요. 무슨 마음으로 그랬나 싶긴 한데, 가만히 생각해 보면 납득이 가는 면이 있기도 해요. 친한 친구들과 모일 때면 노래방에 갈 시간을 은근히 기다려요. 거기서 노래도 부르고 한바탕 신나게 놀고 와요. 아무래도 어릴 적 흥이 그럴 때 반짝 발휘되는 것 같아요.

그것 말고 어린 시절 이야기는…, 맞다, 거실에 큰 책장이 있었는데, 부모님이 거기에 아이들이 읽을 만한 책을 제법 채워 주셨어요. 그 앞에 동생을 앉혀놓고 한참 책을 읽어주곤 했어요. 그때 저는 유치원생이고, 동생은 아직 어린 아기였거든요. 기억나는 책이 '작은 아씨들'인데, 그걸 열심히 읽어주면서 동생이 좋아할 거라고 생각했던 기억이 나요.

꽤 다정한 언니였네요. 자라면서도 동생과 정겨운 관계를 유지했나요?

꼭 그렇지도 않았어요. 동생이 저와 6살 차이가 나거든요. 제가 중학생이 되었을 때 동생은 겨우 초등학교 1학년이었어요. 하루는 친구가 집에 놀러

왔는데, 제 방에 있는 컴퓨터 앞에서 둘이서 한창 게임을 하고 있었어요. 그때 제가 크레이지 아케이드에 푹 빠져 있었거든요. 그런데 문득 이런 생각이 드는 거예요.

'그래, 이걸 가르쳐 줘야겠다. 동생이 유행에 뒤떨어지면 안 되지.'

그래서 동생을 데려다가 저랑 친구 사이에 냉큼 앉혔어요. 그러고는 설명했죠.

"자, 이거 잘 봐. 이게 요즘 제일 유명한 게임이야. 너도 이런 걸 알아 둬야 해. 그래야 친구들한테 할 말이 있지."

그러면서 강력한 에너지로 다가오는 적을 마구 무찌르는 장면을 보여줬어요. 그런데 동생이 자꾸 칭얼대는 거예요. 자기는 그 장면이 무섭다면서요. 그렇게 보채는데, 제가 아랑곳하지 않고 계속 동생을 붙들고 있었어요. 자꾸 보면 괜찮다면서요. 그때 동생이 마음속으로 뭐 이런 언니가 있나 했을 거예요.

다정함이 남다르게 발휘된 경우였네요. 지유 님의 낭독을 들으면서 서두르지 않는 느긋함이 인상적이었어요. 읽는 속도를 적절하게 유지하기 위해 따로 애쓰는 부분이 있나요?

처음 녹음할 때 속도 때문에 가장 애를 먹었어요. 나름 천천히 한다고 했는데, 막상 들어보면 당황스러운 마음이 들더라고요. 그래서 다시 녹음하고, 또 녹음하고, 끝도 없이 반복했던 것 같아요. 몇 번을 해 봐도 낭독이 빠른 느낌이라서요. 그렇게 한동안 고생을 했는데, 어느 순간부터 이만하면 됐다 싶은 생각이 들기 시작했어요. 적절한 빠르기가 몸에 익었나 봐요.

요즘도 가끔씩 낭독이 빨라질 때가 있긴 한데, 금세 알아채고 편안한 마음을 먹으려고 노력해요.

안정적인 속도가 꾸준함의 열매였네요. 지유 님의 영상에는 위로와 깨달음이 함께 자리하고 있는 것 같아요. 마음에 힘을 주는 메시지를 담아 채널을 꾸리게 된 계기가 궁금합니다.

책을 통해 변화하는 내 모습을 느끼게 된 게 가장 큰 이유였어요. 뒤늦게 책읽기에 관심을 두면서, 한 권 한 권에 담겨 있는 메시지가 또렷하게 와 닿더라고요. 직장 생활과 인간관계에서의 경험이 책 속의 이야기를 좀 더 가깝게 만들어준 것 같아요.

그렇게 책과 삶이 교차하는 지점을 바라보면서 이런 내용을 다른 이들과 나누어도 좋겠다는 생각이 들었어요. 책이 제 삶을 바꾸었으니까, 그 이야기를 듣게 될 누군가도 좋은 영향을 받지 않을까 싶어서요. 그래서 지금도 서점에 가면 먼저 찾기 시작해요. 씩씩한 인생을 이끌어줄 그런 책을요.

그런 마음을 청취자분들도 알아봐 주시는 게 아닐까 싶어요. 지유의 별밤 라디오 채널을 시작한 뒤 8개월 만에 만 명의 구독자를 모으셨지요. 그때 유독 감회가 남달랐을 것 같아요. 혹시 구독자가 많지 않던 시기에 힘든 점은 없었나요?

첫 채널을 접은 뒤 별밤 라디오에 다시 시간을 쏟기 시작했어요. 그런데 이곳도 좀처럼 구독자가 늘지 않더라고요. 꾸준히 해도 성과가 없으니까 걱정이 되기 시작했어요. 지금 가는 방향이 맞을까, 또 잘못짚은 건 아닐까 하고요. 확신이 옅어지니까 녹음을 거르는 빈도도 늘었어요. 그러다가 문득 이런 생각이 들었어요.

'기왕 시작했는데 이렇게 관둘 순 없지. 조금만 더 힘을 내볼까?'

그렇게 마음을 다잡고 영상을 하나 둘 늘려갔는데, 어느 날 깜짝 놀랄 일이 생겼어요. 일요일 아침에 자고 일어났더니 구독자가 백 명이 되어 있더라고요. 웬일인가 싶어 몇 번을 다시 고쳐봤어요.

'분명 오류가 생긴 걸 거야.'

그렇게 하루가 지났는데, 숫자가 또 늘어 있는 거예요. 알고 보니 새로 올린 영상의 조회수가 몇 천을 찍었더라고요. 그 후로도 구독자가 꾸준히 늘어서 드디어 만 명이 되는 날이 왔어요. 얼마나 기분이 좋던지, 가까운 친구들을 몽땅 불러서 밥을 샀어요. 그날 축하를 무척 많이 받았던 기억이 나요.

쉽지 않았을 텐데, 결국 해내셨군요. 요즘도 일주일에 두 차례씩 꼬박꼬박 영상을 올리시잖아요. 바쁜 일상 속에서 하루를 어떻게 보내는지 궁금합니다.

평일은 거의 일정한 시간표대로 지내요. 아침 9시에 출근하고, 저녁 7시쯤 퇴근해요. 일주일에 두세 번은 운동을 하고, 집에 돌아와서는 편한 옷으로 갈아입고 밤 10시쯤부터 녹음 작업을 시작해요. 그걸 다 마친 후에는 잠자리에 들어요.

규칙적인 생활을 하고 계시네요. 낭독한 책들 가운데 인간관계에 관한 제목이 종종 눈에 띄더라고요. 사람들과 마주할 때 지유 님이 가장 중요하게 여기는 것은 무엇인가요?

중심을 잡는 게 아닐까 싶어요. 살면서 만나는 이들이나, 겪는 일을 통제하긴 어렵잖아요. 그 안에서 흔들리지 않는 자신만의 기준을 갖는 것이 중요하다고 생각해요.

이렇게 이야기하면 융통성이 없다고 할 수도 있겠지만, 저는 깊은 생각을 통해 나아갈 길을 정해놓을 때 오히려 소통하고 이해할 여지가 생긴다고 믿어요. 내 생각을 소중히 다룰 때 상대의 기준도 중요하게 여길 수 있으니까요.

사람들을 대할 때 양보를 많이 하는 편이지만, 정말 중요하다고 생각하는 일은 잘 의논해서 보완책을 찾곤 해요. 내 의견을 포기하면서까지 주변 사람들과의 관계를 이어가는 게 바람직한 일은 아니니까요.

스스로를 존중할 때 남들과의 관계도 좋은 방향으로 흐르곤 하지요. 별밤 라디오 채널을 두 해째 운영하고 계시잖아요. 혹시 생각지도 못했던 상황에 당황했던 일은 없나요?

아무리 조심해도 어쩔 수 없는 경우가 생겨요. 며칠 동안 고생해서 영상을 편집했는데, 노트북이 멈춰서 날아가 버린 일이 몇 차례 있었어요. 그런 일을 당하면 억울하기도 하고, 맥이 빠져서 의욕이 몽땅 사라지곤 해요. 그럴 땐 억지로 서두르지 않고 하루쯤 쉬었다가 다시 편집을 시작해요. 빨리 올리는 것도 좋지만, 영상의 질을 유지하는 게 무엇보다 중요하니까요.

맞아요. 그럴 땐 조금 여유를 갖는 것이 좋지요. 만약 북튜버가 되고 싶어 하는 누군가가 지유 님에게 조언을 구해온다면 어떤 이야기를 들려주고 싶은가요?

다른 분들의 영상을 보기만 할 때는 잘 몰랐는데, 막상 채널을 운영해 보니 알게 되는 것들이 있어요. 일단은 욕심을 내려놓아야 한다고 말해주고 싶어요.

영상에 올릴 책을 고르다 보면 자꾸 생각이 커져요. 이런 책도 마음에 들고 저런 책도 소개하고 싶거든요. 그런데 실속 있는 채널을 만들려면 제대로 된 분야를 한두 가지만 골라야 해요. 소설이나 에세이도 괜찮고, 마음공부나 자기계발도 좋아요. 중요한 건 스스로 흥미를 느껴야 한다는 거예요. 나중에 들어 보면 깊게 감명 받았던 책은 목소리에서 표가 나요. 신기하게도 시청자분들이 그런 느낌을 더 잘 알아보세요. 북튜버 일은 한 달이나 두 달로 결과를 만들기가 힘들어요. 채널을 오래 운영하려면 지속가능한 분야를 제대로 고르는 게 필수인 것 같아요.

지유 님의 말씀이 마음에 와 닿습니다. 혹시 초보 북튜버 분들에게 좀 더 건네고 싶은 말은 없나요?

조금 힘들더라도 일주일에 한두 번씩 영상을 꾸준히 올리는 게 도움이 돼요. 처음에는 그리 힘들지 않아요. 잔뜩 기대에 차 있는 시기니까요. 그런데 시간이 지나면서 그 일이 점점 버거워져요.

'열심히 해도 알아봐 주는 사람이 없구나. 좋아서 하는 일이지만 마음이 지친다….'

이런 생각이 들거든요. 다른 일도 마찬가지겠지만, 북튜버 쪽은 특히 반응이 더뎌요. 포기하고 싶더라도 마음을 다잡고 어떻게든 영상을 올렸으면 좋겠어요. 녹음이나 편집 작업도 겁낼 게 없어요. 하다 보면 자연스레 늘거든요. 저도 처음엔 영상 하나 만드는 데 거의 일주일씩 걸렸는데, 이젠 많이 익숙해졌어요. 서툴러도 자꾸 해 보는 게 좋은 것 같아요.

따스한 이야기를 주고받다 보니 벌써 이렇게 시간이 흘렀네요. 이제 두 가지 질문만 남겨 놓고 있습니다. 살아가는 데 있어 중요한 네 가지로 책, 사람, 경험, 여행을 꼽아주셨어요. 그 가운데 여행에 관해 여쭤보고 싶어요. 지유 님이 그동안 방문했던 장소 가운데 지금껏 기억에 남는 곳은 어디인가요?

동유럽이요. 그 가운데 프라하가 기억에 따뜻하게 남아 있어요. 여행 일정의 첫 번째 도시였는데, 걷다가 지치면 거리에 늘어선 노천카페에 한동안 앉아 있었어요. 그런데 그곳 사람들이 낯선 이에 대한 경계심이 없는지, 우리가 있는 테이블에 다가와서 말을 건네곤 했어요. 어디서 왔는지 묻고, 박지성을 안다면서 즐겁게 이야기를 꺼내더라고요. 처음엔 어색했는데, 조금씩 말을 하다 보니 어느새 대화가 이어지고 있었어요. 신기하면서도 즐거웠어요.

프라하를 가로질러 흐르는 강에 다리가 여러 개 놓여 있는데, 그 가운데 카를교라는 곳이 있어요. 그 위에서 작은 공연이 종종 펼쳐지더라고요. 연주하는 사람 곁에서 한참 노래를 즐겼어요. 흥이 오르면 구경하던 사람들이 슬며시 춤을 추기 시작해요. 그러면 저도 그 사이에서 둠칫 두둠칫 하면서 몸을 움직이곤 했어요.

풍경 속에 녹아든 지유님의 모습이 눈에 선하네요. 이제 마지막 질문입니다. 먼 훗날 손자나 손녀에게 건네고 싶은 단 한 권의 책이 있다면 무엇일까요?

언젠가 그런 날이 온다면 칼 필레머의 책, '내가 알고 있는 걸 당신도 알게 된다면'을 전해 주고 싶어요. 그 책의 작가가 황혼을 바라보는 노인들을 찾아가 물어요. 인생에 있어 가장 중요한 것은 무엇일까 하고요. 아마 그 책을 건네 줄 무렵이면 저도 그만큼의 나이가 되어 있을 거예요. 직접 이야기하는 것보다는 인생의 작은 등불이 될 수 있는 그런 책을 넌지시 건네면 좋을 것 같아서요.

오늘 바라본 대전의 하늘이 유난히 아름다웠어요. 이렇게 지유 님을 만나 의미 있는 이야기를 나눌 수 있어 참 좋았습니다. 긴 시간이 흐른 뒤 할머니가 된 지유 님의 모습도 무척 멋질 것 같아요.

한 살 한 살 나이를 먹어가는 일이 무척 아름답게 느껴져요. 먼 훗날 오늘을 돌아보았을 때 기억에 남는 하루가 될 것 같아요. 이렇게 행복한 시간 만들어주셔서 감사합니다.

내가 알고 있는 걸 당신도 알게 된다면

칼 필레머 지음

내가 삶을 아끼면 삶도 나를 사랑해줄까? 이 책을 쓴 칼 필레머는 그렇다고 대답한다. 그는 50세가 되던 해 문득 깨달은 생각을 통해 인생의 현자인 노인에게 삶의 지혜를 빌리기로 마음먹는다. 그리고 5년 동안 천 명이 넘는 노인들을 인터뷰하여 그들에게 생생한 이야기를 듣는다.

우리는 종종 잊곤 한다. 설레는 마음으로 눈뜨는 아침을, 두 발로 디디는 땅의 느낌을, 사랑하는 사람과 마주보는 순간을. 굽이치는 인생을 살아낸 노인들은 소중함을 잠시 미뤄둔 우리에게 지금 당장 써먹을 수 있는 쓸모 있는 말을 건넨다.

"창가로 가게. 그리고 밖을 내다봐. 어쩌면 지금이 변화가 필요
한 때인지도 몰라."

나이 많은 이들의 뒤늦은 충고가 괜한 간섭처럼 들릴 지도 모
르지만, 읽다 보면 어느새 고개를 끄덕이는 자신을 발견하게
된다. 우리도 언젠가 그들의 자리에서 지나온 인생을 되돌아볼
것이기에.

삶에 있어 중요한 것은 가장 가까운 곳에, 그리고 작은 것에 있
다는 진리를 다시금 깨닫게 해 준다.

지유의 별밤 라디오 편

미소 띤 목소리

책이 좋아진 건 성인이 된 이후라고 그녀는 고백했다. 그런 만큼 책읽기는 자유 의지에서 비롯된 순수한 행동일 것이다. 그녀가 읽어주는 문장을 듣다 보면 미소를 머금은 표정이 저절로 떠오른다. 마음이 먼저 아는 즐거움은 다른 이에게도 전해진다는 사실을 그녀의 목소리가 새삼 일깨워준다.

의외의 복고 감성

그녀를 처음 본 사람들은 모를 거다. 세련된 외모 안에 아저씨도 울고 갈 90년대 감성이 포진해 있다는 걸. 그녀가 좋아하는 가수와 배우는 대부분 그 시절과 맥이 닿아 있다. 조곤조곤 건네는 이야기는 디지털 매체의 이진법을 뚫고 나와 어느새 친근한 감정을 불러일으킨다. 자신이 꾸려가는 채널의 주제로 라디오를 택한 건 어쩌면 당연한 일일지도.

회복의 공간

책을 녹음하는 그 순간이 가장 기다려진다고 그녀는 말한다. 하루가 끝나갈 무렵, 그녀는 나직하게 책을 읽으며 일상의 피로를 하나 둘 내려놓는다. 그래서일까. 늦은 밤에는 안정을 주고 한낮에 들으면 활기가 느껴진다. 그녀가 내보이는 목소리에 관한 이야기다. 책이 선사하는 치유의 효과를 실감하고 있기에, 차분히 건네는 그 말들이 이토록 따스하게 들려오나 보다.

이 그림을 스마트폰 카메라로 비춰 보세요.
화면을 터치하면 시한 책방 님의 목소리를 들어볼 수 있어요.

쓸모 있는 지식 세상

시한 책방

시한 책방 님은 어쩐지
부암동의 분위기를 품고 있었다.
고요한 가운데 활기가 있고,
소박하면서도 반듯한 모습이 그랬다.

약속 시간을 잘못 알았다. 그 바람에 한 시간 일찍 도착해버렸다. 아직 이른 시각이라 문을 연 카페가 눈에 띄지 않았다. 버스 정류장 벤치에 앉아 잠시 책이나 읽을까 하다가 주변 풍경이 눈에 들어왔다. 촉촉한 회색 하늘 아래 바위산이 커다랗게 도드라져 있었다. 천천히 동네 산책길에 나섰다. 산자락 바로 아래 자리 잡은 부암동은 고즈넉한 분위기였다. 아파트 따위는 필요 없다는 듯 비탈진 길을 따라 서 있는 집들이 듬직했다. 짧은 나들이를 마치고 정해진 장소로 되돌아왔다. 마주앉아 이야기를 나누다가 문득 깨달았다.

'이분, 동네와 닮아 있구나.'

　시한 책방 님은 어쩐지 부암동의 분위기를 품고 있었다. 고요한 가운데 활기가 있고, 소박하면서도 반듯한 모습이 그랬다. 기억에 남는 건 시간을 대하는 그의 태도였다.

"손닿는 곳 어디에나 책을 놔둬요. 휴대폰보다 책이 먼저 잡히면 그걸 보게 되더라고요."

하루 24시간을 유용하게 쓰는 법을 날 때부터 익힌 사람 같았다. 그는 대학에서 학생들을 가르치고, 일주일에 두 번 라디오에 출연한다. 종종 외부 강연장에 서고, 책을 쓰는 일에도 게으르지 않다. 시한 책방을 여전히 운영 중이며, 얼마 전에는 인터뷰 전문 채널도 열었다. 그 많은 일을 해내는 비결은 의외로 간단했다.

"일단 시작해요. 너무 깊게 고민하지 않고요."

그는 일이란 해 가면서 발전하는 것이라 말했다.

"완벽하게 해내려고 시작을 미루면 결국 아무것도 못해요. 여러 가지를 해 보면서 알았어요. 무슨 일이든 해 봐야 늘더라고요. 실수해도 괜찮아요. 자신한테 자꾸 기회를 줘야 해요."

그는 시한 책방에 종종 손님을 초대한다. 촬영을 하기 전, 출연자에 관해 언제나 꼼꼼히 알아둔다. 최신 정보는 물론이고, 오래된 자료까지 놓치지 않는다. 그래야 상대를 감동시킬 수 있다는 것이 그의 설명이었다. 거침없는 시도 뒤에는 그러한 상냥함이 놓여 있었다.

한 사람과의 만남은 하나의 배움을 남긴다. 시한 책방 님을 통해 깨달은 것은 '가벼움'이었다. 무거운 책을 모조리 섭렵했다고 해서 그는 결코 둔중하게 굴지 않았다. 마치 읽었던 책을 모두 잊은 듯 경쾌하게 이야기를 이어 나갔다. 온몸이 깃털로 이루어진 사람처럼, 그는 지식 위에 가뿐히 올라서서 더 넓은 세상을 바라보고 있었다. 어떤 것을 질문해도 선뜻 대답해주는 그에게 정말 궁금해 물었다. 부암동에 터를 잡은 이유가 뭐냐고.

"아내가 이곳을 좋아해서요, 하하."

다시 한 번 깨달았다. 그가 참 지혜로운 사람임을.

잠시 닫혔던 시한 책방의 문이 다시 열렸습니다. 워낙 바쁘게 생활하신 터라 재충전의 시간이 필요했을 것 같아요. 평소에 읽는 책의 양은 어느 정도인가요?

매번 다르긴 한데, 일주일에 대여섯 권은 보는 것 같아요. 고정으로 출연하는 라디오 프로그램 두 곳에서 매번 책 이야기를 나누고, 일주일에 한 번씩은 시한 책방 채널에 도서 리뷰 영상을 올리거든요. 토론에 참여하거나 칼럼을 써야 할 때도 종종 책을 읽고요.

사실 시한 책방 님은 16개의 직업이 있다고 스스로 말할 정도로 다채롭게 살고 계시잖아요. 그렇게 바쁜 와중에 북튜버 활동을 시작할 수 있었던 계기는 무엇인가요?

예전에 제가 '김난도의 트렌드 플러스'라는 라디오 프로그램에 나간 적이 있어요. 김난도 교수님이 트렌드 코리아라는 책으로 유명한 분이거든요. 그때가 2017년이었는데, 한 달 정도 꾸준히 방송을 하니까 사적인 대화를 나눌 정도로 친분이 생기더라고요. 그래서 하루는 여쭤봤어요.

"교수님, 제가 앞으로 뭘 하면 좋을까요?"

그랬더니, 김난도 교수님이 그러시더라고요.

"유튜브를 해요. 그거 앞으로 좋을 거예요."

당시만 해도 유튜브는 진지한 내용을 다룰 매체는 아니라는 인식이 강했어요. 그래서 교수님 말씀에 반신반의했어요. 섣불리 시작했다가 별 도움이 되지 않으면 어쩌나 싶어서요. 그래서 계정을 만들어놓고 들어갔다 나왔다를 한참 했어요. 그러다가 마음을 냈죠.

'에잇, 모르겠다. 일단 해 보자.'

그래서 눈 딱 감고 영상을 올렸어요. 사실 흡족한 결과물도 아니었어요. 하지만 생각만 하다가는 아무것도 못 할 것 같더라고요. 반응을 기다리다가 문득 이런 생각이 들었어요.

'뭔가 원칙을 세워야 하지 않을까?'

그래서 결심했죠. 일주일에 두 번은 영상을 올리겠다고요. 그 말을 듣고 친구가 그러더라고요.

"일주일에 책 소개를 두 권이나 한다고? 어떻게 다 읽으려고?"

사실 그게 걱정이긴 했어요. 그렇게 시작한 게 지금까지 온 거예요. 이렇게 꾸준히 하게 될 줄 그땐 몰랐지요.

책을 읽을 시간을 확보하기 위해 일부러 대중교통을 이용하고, 약속시간보다 조금 빨리 도착해 책을 펼치기도 하신다고요. 한창 재미있는 부분을 읽을 때 상대가 늦게 도착하면 고마운 마음이 든다는 말씀에 웃음이 나왔습니다. 오늘도 책을 갖고 오셨나요? 요즘 읽고 계신 책 제목은 무엇인지 궁

금합니다.

오늘은 가져오지 않았어요. 약속 장소가 집과 가까운 곳이라서요. 최근에 본 책이라면…, 피터팬이요. 어릴 때 얇은 책으로 봤는데, 이번에 완역본으로 읽었더니 느낌이 다르더라고요. 피터팬의 성격이 생각보다 입체적이에요. 마냥 착하다기보다는 철이 없어 보이기도 하고. 예전에 읽은 책을 오랜만에 보면 새로운 내용이 눈에 들어와요. 이번 경우처럼 두꺼운 책으로 다시 읽어도 그렇고요. 책은 그 자리에 가만히 있으니까, 아마도 내가 달라진 거겠죠.

총균쇠, 모비딕, 짜라투스트라는 이렇게 말했다…. 소개하는 책 가운데 워낙 두꺼운 것들이 많잖아요. 한 권을 다 보려면 꽤 오래 걸릴 것 같고요. 바쁜 와중에 시간을 쪼개어 읽으면서도 언제나 기쁘게 리뷰한다는 느낌이 들던데요, 책은 어떻게 고르시나요?

관심이 가는 책을 무조건 선택해요. 안 그러면 신나게 읽기가 힘들더라고요. 딱 봐도 두께가 있는 책은 사실 저도 부담스러워요. 이걸 언제 다 읽나 싶어서요. 그래도 어쨌든 읽어내야 하니까 책장을 펼치게 돼요. 책을 꾸준히 읽으면서 느낀 건 시작이 반이라는 거예요. 어떤 책이든 일단 손을 대야 흥미를 가지든 말든 할 테니까요. 사실 읽으면서 이걸 왜 골랐을까 후회했던 책도 있어요. 종의 기원 같은 책이요. 영상으로 만들 일이 없었다면 중간에 포기했을 지도 몰라요, 하하.

시한 책방의 대표 코너죠. '읽은 척 책방'이라는 이름이 흥미로웠습니다.

무거운 책을 가볍게 소개하는 아이디어는 어떻게 냈는지 궁금합니다.

유튜브 채널을 열기로 마음을 먹고 제 스타일에 뭐가 잘 맞을까 고민을 했어요. 이리저리 궁리를 해 봐도 책을 낭독하는 건 어울리지 않겠더라고요. 목소리가 그리 낭랑한 것도 아니라서요. 그러다가 두 가지 아이디어가 떠올랐어요. 다들 바쁘니까, 평소에 읽기 어려운 책들을 요약해서 알려주면 괜찮을 것 같더라고요. 그래서 탄생한 코너가 읽은 척 책방이었어요. 그게 반응이 좋아서 계속하게 된 거죠.

다른 건 신기할 셋이라는 코너였는데, 사람들이 잘 모르는 숨은 상식 같은 것을 알려주는 내용이었어요. 유럽의 3대 썰렁 관광지를 소개하는 뭐 그런 거요. 그건 영 호응이 없어서 두 번 만에 접은 것 같아요, 하하.

영상의 길이는 짧지만 완성하기까지 들이는 노력이 적지 않아 보입니다. 책을 읽고, 대본을 쓰고, 촬영을 하고, 편집을 마치는 순간까지 어느 정도 시간을 할애하나요?

책 읽는 데 걸리는 시간이 가장 길어요. 어떤 책은 일주일을 꼬박 투자해야 할 때도 있거든요. 일단 다 읽고 나면 대본을 쓰는 데엔 그리 오래 걸리지 않아요. 보통 한 시간이면 뚝딱 써내요. 신문에 칼럼을 연재할 때 마감에 쫓기던 습관 덕분인 것 같아요.

자료 화면을 준비하고, 실제 촬영을 하는 것도 수월하게 해내는 편이에요. 영상을 다 찍고 나면 편집은 다른 분께 맡겨요. 그러는 편이 효율적이라서요.

책에 대한 이야기를 물 흐르듯 자연스럽게 하시더라고요. 혼자서 10분 가까이 내용을 이끄는 게 쉽지 않은데, 읽은 척 책방에서 할 말은 어떻게 준비하나요? 외워서 말하는지, 읽기 장치인 텔레프롬프터를 쓰는지, 아니면 대강의 방향을 정해 놓고 자유롭게 말하는지 궁금합니다.

거창한 장비를 쓰는 건 아니에요. 촬영은 집에 마련해 둔 작은 스튜디오에서 해요. 한쪽에 커다란 모니터가 있고 맞은편에 촬영용 카메라를 뒀어요. 말은 모니터 앞에 서서 하는데, 방이 그리 큰 편이 아니라서 앞쪽 벽에 프린트한 종이를 붙여 놓으면 웬만한 글씨는 다 보여요. 물론 글씨 크기를 키워 놓지만요. 대본에 없는 말도 종종 하는데, 그런 애드리브도 정해둔 범위 안에서만 해요.

실용적이고 확실한 방법으로 녹화를 하시는군요. 시한 책방 님은 활발한 모습 안에 세심한 면이 함께 자리하고 있는 것 같아요. 혹시 어릴 때는 어떤 성격을 갖고 있었나요?

상당히 내성적인 편이었어요. 초등학교 6학년 무렵까지 그랬던 것 같아요. 그때 우연히 책 한 권을 읽었는데, '비밀 일기'라는 제목이었어요. 주인공의 성격이 내성적인 데다 우울한 면까지 있어서 무척 어두웠어요. 나중에 커서 나도 그런 사람이 될까 봐 덜컥 겁이 나더라고요.
한창 고민을 하다가 겨울방학이 되었는데, 문득 생각이 들었어요. 새로운 환경에서 새로운 모습으로 살아보면 어떨까 하고요. 중학생이 되면 모르는 아이들과 한 반이 될 테니까 내가 어떻게 하든 별 상관이 없을 것 같더라고요. 그래서 새 학기가 되자마자 마음먹은 일을 실천에 옮겼지요.

극적인 변화를 스스로 도모하다니, 꽤나 성숙한 초등학생이었네요. 그럼 중학생이 된 이후에는 외향적인 사람으로 변모한 건가요?

생각만큼 쉽지는 않더라고요. 그런 성격으로 살아보질 못했으니까, 너무 오버를 했었나 봐요. 시시때때로 친구들을 웃기고, 그게 수업 시간까지 이어졌거든요. 어느 날 복도를 걷고 있는데, 물리 선생님과 딱 마주쳤어요. 꾸벅 인사를 했더니, 선생님이 제 어깨를 툭 치면서 낮게 한 마디 하시더라고요.

"시한이 너, 너무 까불더라!"

그때 아이쿠 싶었어요. 활력 조절을 제대로 못했구나 하는 생각에 급하게 반성 모드로 돌입했죠. 그러고는 그전보다 딱 절반만 떠들었어요. 그 성격이 계속 이어져서 지금까지 온 거예요. 돌이켜보면, 물리 선생님이 은인이죠. 오늘의 저를 있게 한 중요한 계기를 주셨으니까요, 하하.

'이시한의 열두 달 북클럽'이라는 책 속에서 처음 책에 관한 말씀을 하셨어요. 인생에서 처음으로 강렬한 인상을 받은 책이라는 설명이었는데요, 그렇다면 시한 책방 님의 처음 책은 무엇인가요? 혹시 조금 전에 말씀하신 '비밀 일기'인가요?

비밀 일기는 처음 책보다는 인생 책인 것 같아요. 그 책을 읽고 삶이 크게 바뀌었으니까요. 어릴 때 읽었는데 아직도 또렷하게 남아 있는 책이 있어요. '임포스터, 사기꾼 로봇'이라고, 필립 K. 딕이라는 작가가 쓴 거였어요. 한동안 어몽어스라는 게임이 유행했잖아요. 거기에도 그 말이 나오더라고요. 임포스터가 사기꾼이라는 뜻이니까요. 어쨌든 그 책의 내용이 워낙 강렬해서, 읽으면서 제법 충격을 받았던 기억이 나요.

신기한 건, 얼마 전까지도 그 책 제목을 몰랐다는 거예요. 초등학생 때 학교 도서관에서 발견했던 책이라 표지의 그림만 기억하고 있었거든요. 그런데 우연히 일 때문에 책 한 권을 읽기 시작했는데, 다음 내용을 내가 자꾸 알고 있더라고요. 그 책이 바로 임포스터였어요. 깜짝 놀랐죠.

대학에서 국문학을 전공하셨어요. 그 전공에 마음을 둔 특별한 이유가 있었나요?

그게요, 하하, 알고 보면 착각에서 비롯된 선택이었어요. 학창시절에 동네에 있는 교회에 열심히 다녔어요. 제법 규모가 큰 곳이라 청년부와 대학부에서 각각 뮤지컬을 공연했어요. 제가 그 활동에 열심히 참여했는데, 해 보니 정말 재미있는 거예요. 그래서 생각했죠. 뮤지컬 대본을 쓰는 사람이 되어야겠다고요.

그 마음으로 덜컥 국문과에 들어갔는데, 알고 보니 그런 일을 하려면 문예창작과에 가는 게 더 좋다고 하더라고요. 아차 싶었지만 이미 늦은 상황이었죠. 그런데 막상 국문학을 공부해 보니 생각보다 잘 맞았어요. 그래서 대학원에도 가고 공부를 제법 길게 했지요.

성신여자대학교에서 교수로 재직하며 취업 관련 강의를 하고 계시잖아요. 뮤지컬을 좋아했던 국문학도가 새로운 분야의 전문가가 되기까지 뭔가 흥미로운 스토리가 있을 것 같아요.

비록 극작가의 꿈은 이루지 못했지만 대학에 입학한 후에도 교회에서 열리는 뮤지컬 행사에 계속 참가했어요. 나중엔 연출 작업까지 했고요. 뮤지컬에 대한 관심이 영화로 옮겨져서 대학원 친구들과 모임을 만들어 전주 국제영화제에 참가하기도 했어요. 그곳에서 스텝으로 일하며 홍보 업무를 맡았지요.

그러다가 박사 과정에 들어갔을 때 우연히 강의 요청을 받았어요. 당시에 행정고시라고 부르던 5급 공무원 선발 시험이 새롭게 치러지게 되었거든 요. 그 안에 있는 언어논리영역을 제대로 분석할 사람이 필요했던 모양이 에요. 그런데 제가 여러 가지 분야에 관심이 많으니까 그 일도 잘해낼 수 있겠다 싶었나 봐요.

당시의 강의가 인연이 되어 그 뒤로 취업 관련 시험을 꾸준히 분석했어요. 생각해 보면 이 일이 다양한 책을 읽게 된 계기가 된 것 같긴 해요. 제법 어려운 문장도 어느 책에서 발췌된 것인지 알고 나면 해설에 도움이 되거 든요. 전체적인 흐름 안에서 이해의 폭이 넓어지니까요.

시한 책방을 몇 년째 꾸준히 운영하고 계시잖아요. 쓸모 있는 지식 채널이 라는 정체성을 단단하게 확보하신 것 같아요. 지나고 보면 추억이지만, 그 동안 위기의 순간도 있지 않았을까요? 그 이야기를 좀 들려주세요.

일본에 갔을 때 '국화와 칼'이라는 책을 리뷰한 적이 있어요. 나름 멋지게 촬영하고 한국에 돌아와서 영상 파일을 호기롭게 편집자에게 보냈는데, 급 하게 연락이 온 거예요. 중간에 뚝 끊긴 장면이 있다면서요. 하필이면 외국 에서 촬영한 분량에 그런 일이 터졌으니 난감하더라고요. 그래서 고민을 하다가, 문득 아이디어가 떠올랐어요. 그래서 그 길로 물건을 싸들고 서울 역으로 갔죠. 안타까운 역사이긴 한데, 옛 서울역 건물이 일본의 동경역과 분위기가 많이 비슷하거든요. 그래서 영상 중간에 시청자 분들에게 양해를 구하고 그 부분을 다시 촬영했어요.

쉽지 않은 상황을 아이디어로 극복하셨네요. 일 년 전쯤 올려두신 사진에서 토끼가 갉아먹은 책 모서리를 보았어요. 애완 토끼 까망이는 언제부터 키우셨나요? 아프다가 완치가 되었다는데 이젠 건강한가요? 요즘은 사진에 보이질 않아서 걱정이 되더라고요.

까망이는 몇 달 전에 무지개다리를 건넜어요. 마음이 먹먹하긴 했지만, 그래도 함께 지내는 동안 해줄 수 있는 건 다 해줘서 의연한 마음으로 보낼수 있었어요. 까망이가 우리 집에 온 건 8년 전이었어요. 어린 토끼한테는 큰 토끼와 다른 종류의 사료를 먹여야 하는데, 그걸 구하기가 힘들어서 애를 먹었던 기억이 나요. 토끼는 워낙 예민해서 스트레스에 취약해요. 그런데 8년이나 산 건 대단한 거라고 수의사 선생님이 말씀하시더라고요.

지난해에 까망이가 많이 아파서 동물 병원에 데려갔더니 암에 걸렸다는 진단이 나왔어요. 열심히 치료해서 어느 정도 차도가 있었는데, 나이는 어쩔 수 없었던 것 같아요. 사람으로 치면 90세 노인의 몸이나 마찬가지였으니까요. 좋은 곳에 갔을 거라고 그렇게 생각하고 있어요. 집에 까망이가 잠을 자던 작은 방이 있어요. 가끔 그 방에 가면 어쩐지 마음이 허전해요.

시한 책방 님이 끝까지 함께해주셔서 까망이도 행복했을 겁니다. 모서리가 망가진 책이 오래도록 기억에 남을 것 같아요.
우연히 알게 된 이야기인데요, 대학 시절에 유럽 여행 가이드를 하셨다고요. 어떻게 기회가 되었던 건가요?

호기심이 많은 편이라 배낭여행을 여러 번 했어요. 우연찮게 비행기 표를 같은 여행사에서 계속 샀는데, 유럽행 표를 찾으러 갔을 때 담당자분이 그러시더라고요. 여행을 좋아하는 것 같은데, 혹시 현장에서 일을 해 볼 생각이 없느냐고요. 그 말을 듣고 유럽 여행을 할 때 꼼꼼하게 구석구석 살펴봤어요. 그래야 제대로 일을 할 수 있을 테니까요. 한국에 돌아와서 여행사를 찾아갔더니 그분이 깜짝 놀라는 거예요. 비행기 표를 건넬 때마다 매번 이야기를 했는데, 막상 다시 찾아온 사람은 제가 처음이라면서요. 그래서 그 일을 시작하게 되었어요.

그 후로 방학이면 매번 유럽에 머물렀는데, 나중엔 익숙해져서 거리를 다 외웠어요. 그곳으로 배낭여행을 온 대학생들이 위치를 물으면 제가 쓱 대답을 하거든요.

"응, 맥도날드는 이 앞 큰길에서 분수대를 돌아서 오른쪽 두 번째 골목 안쪽에 있어."

그러면 다들 신기해하는데, 전 그냥 웃어주곤 했어요.

당시 여행 이야기를 모아 첫 책을 내셨다고요. 그 후로 작가의 길을 걷기 시작하셨는데요. '지식 편의점: 생각하는 인간 편'을 쓸 때 편집자에게 따끔한 한 마디를 들었다는 말씀을 들었습니다. 그때 이야기를 살짝 들려주세요.

제가 글을 빨리 쓰는 편이에요. 그때도 읽은 척 책방의 내용을 모아 책 한 권을 만들자는 제안을 받고 자신 있게 원고를 정리했어요. 썼던 글을 다듬는 거라 아무래도 부담이 적었거든요. 그런데 원고를 보내고 편집자분이 연락을 주셨어요. 바깥에서 만났으면 하시더라고요. 긍정적인 이야기는 아니겠구나 싶었는데, 마주앉은 자리에서 그러셨어요.

"작가님, 아무래도 이 방향은 아닌 것 같아요."

책 전체를 아우를 좀 더 큰 개념이 필요하다며 말씀을 하시는데, 당황스러운 가운데 묘한 도전 의식이 끓어올랐어요. 하지만 마음은 추웠어요. 그때가 겨울이었는데, 카페를 떠나면서 잔뜩 걱정이 되더라고요. 새 글을 언제다 쓰지 싶어서요. 그러고는 한 달 동안 온갖 궁리를 해서 원고를 완성했어요. 보내자마자 연락이 오더라고요.

"이번 글, 좋은데요."

정말 기뻤어요. 고생은 잔뜩 했지만, 새로운 방향성을 찾았으니까요. 덕분에 후속편도 출간할 수 있었어요.

작가의 진정한 고뇌는 대부분 편집자로부터 시작되지요. 시한 책방 채널의 구독자 분들을 지구인이라고 부르시더라고요. 지식구독자의 줄임말로요. 그분들과 활발하게 소통하고 계신 모습이 인상적이었습니다. 지구인이 남겨 주신 댓글 가운데 특별히 생각나는 것이 있나요?

채널을 개설하고 얼마 되지 않았을 때였어요. 제가 올려둔 도서 리뷰 아래쪽에 잘난 척 그만하라는 댓글이 있었어요. 이 책을 읽어보긴 했느냐, 제대로 알고나 말하는 거냐 하면서요. 그래서 곰곰이 생각하다가 답글을 달았어요. 사실 책을 끝까지 읽긴 했는데, 제 생각이 다 맞는지는 잘 모르겠다고요. 앞으로 좀 더 열심히 해 볼 테니까 지켜봐달라면서 글을 맺었는데, 곧바로 그분이 글을 주셨어요. 댓글을 하나하나 읽고 있는지 몰랐다며, 급히 사과를 하시더라고요. 그 뒤로 그분이 제 채널을 꾸준히 구독해 주셨어요. 가끔 응원의 글도 남겨 주시고요.

시한 책방의 댓글창이 유난히 훈훈한 분위기인 게 이런 이유였군요. 인터 뷰 채널도 따로 운영하고 계시잖아요. 성공한 분들을 스튜디오에 모셔 놓 고 비법을 쏙쏙 빼먹겠다는 컨셉에 눈길이 갔습니다. 첫 방송 녹화는 얼마 나 걸렸나요? 방송될 영상에는 어느 정도까지 간여하시는지 궁금합니다.

그때 첫 손님으로 출연해 주신 분이 정한석 대표님이었어요. 도제라는 브 랜드를 만든 분인데요, 토핑 유부 초밥과 생 식빵으로 큰 인기를 얻고 계 시지요. 방송에 자주 출연하는 분은 아닌데, 편하게 녹화에 임해 주셔서 한 시간만에 준비한 이야기를 거의 마칠 수 있었어요.

이런 작업을 할 때는 촬영할 때까지 최선을 다하고, 그 다음 단계는 전혀 간섭하지 않는 편이에요. 전문 분야가 다들 다르잖아요. 제가 편집이나 자 막까지 들여다보면 그 일을 하는 분들이 소신대로 할 수 없으니까요. 믿어 주는 만큼 즐겁게 작업할 수 있다고 항상 생각해요.

새로운 채널도 번창하길 바랍니다. 이렇게 긴 시간 동안 활기찬 분위기를 만들어주셔서 감사합니다. 덕분에 많은 이야기를 나눌 수 있었어요. 이제 두 가지 질문만 남겨 놓고 있습니다. 수많은 책을 섭렵한 시한 책방 님마 저도 한 번도 들어본 적 없는 직업을 아이가 갖겠다고 한다면, 어떤 대답 을 건네시겠어요?

격하게 응원해줄 것 같아요. 제가 모르는 세상을 아이가 경험하게 된다는 사실이 은근히 기대가 되기도 하고요. 사실 저희 집 둘째가 제법 엉뚱한 편이에요. 말이나 행동도 남다른 면이 많고요.

우리가 한창 자랄 때만 해도 평생 한 가지 직업에만 종사해야 한다고 어른들이 말씀하곤 하셨잖아요. 하지만 이제는 무엇이든 시도해볼 수 있어요. 엉뚱하면서도 창의적인 아이들이 기를 펼 수 있는 세상이 된 거죠.

낯선 직업은 전혀 새로운 분야일 가능성이 크잖아요. 미래에 그 일이 쓰일 수도 있고요. 만약 아이들이 듣도 보도 못한 직업에 도전한다면 나서서 칭찬해줄 거예요. 용기 있는 한 걸음을 내디딘 것이니까요.

아이들이 맞이할 새로운 미래가 부쩍 기대됩니다. 이제 마지막 질문입니다. 그동안 소개한 책의 가짓수가 상당하지요. 그 가운데 읽어보길 정말 잘했다고 생각한 책을 딱 한 권만 골라주세요.

쉽지 않은 질문인데요. 딱 한 권만 고르라면…, 사피엔스일 거예요. 처음에 읽고 감탄이 나왔어요. 폭넓은 지식이 한 권의 책 속에 촘촘하게 엮여 있더라고요. 책이 두꺼워서 긴장을 살짝 했는데, 막상 읽어보니 재미있었어요. 뇌가 배부른 기분? 그런 걸 느낀 것 같아요. 그 책을 읽고 나서 정보를 정리하는 방식에 대해 새로운 고민을 하게 되었어요. 지식 편의점 시리즈를 쓸 때 사피엔스를 떠올리며 여러 번 의욕을 불태우곤 했어요.

독서가 다시 새로운 글쓰기로 이어진 셈이네요. 시한 책방 님이 들려주신 이야기들, 앞으로도 오래도록 기억에 남을 것 같습니다. 덕분에 이렇게 멋진 장소도 알게 되었고요.

저도 참 좋아하는 곳이에요. 북한산 자락의 정취가 스며 있어 앉아만 있어도 기분이 좋아져요.

돌 벽을 따라 흐르는 물이 그대로 보이는 것이 자연스러운 느낌입니다. 언제고 다시 방문하고 싶네요.

이곳이 예전부터 밤 식빵으로 유명해요. 오늘도 일찌감치 매진이 되었더라고요. 오전에 오시면 드실 수 있으니, 언제 한번 꼭 맛보러 오세요.

사피엔스

유발 하라리 지음

따로 설명이 필요 없는 초대형 스테디셀러. 읽고 나면 똑똑해지는 서적 중의 하나다. 처음 집어 들면 그 두께에 놀라고, 막상 펼쳐 들면 생각보다 술술 읽히는 데 또 한 번 놀란다.
마지막 페이지를 덮을 때쯤 유발 하라리의 또 다른 저서인 호모데우스 구매 욕구가 용솟음치는 부작용을 경험하기도 한다.

"우리는 뻔뻔스럽게도 스스로에게 호모 사피엔스, 즉 슬기로운 사람이란 이름을 붙였다."

인간을 바라보는 냉철한 시선에 흠칫 놀라기도 하지만, 갖가지 지식을 양탄자 짜듯 펼쳐 내는 작가의 통찰력에 박수를 보내게 된다.

방대한 내용만큼 책 자체의 무게도 상당하다. 차오르는 교양의 양에 비례해 손목이 아파올 수 있으니 주의할 것.

기왕 읽을 마음을 냈다면 직접 구매하는 것도 좋은 선택이다. 천천히 음미할 수 있을 뿐 아니라 두 번째 볼 때 느낌이 또 다르다.

시한 책방 편

책장 종결자

어느 집이든 한두 권은 있다. 책장 속 장식품이 되어버린 그런 책이 말이다. 읽을 수도 버릴 수도 없는 계륵 같은 책을 그는 멋지게 요리해 9첩 반상으로 내놓는다. 덕분에 볕을 본 많은 책들은 문학, 과학, 정치, 역사, 철학에 이르기까지 그 분야도 다양하다. 그런 책을 끝까지 읽었다는 사실만으로 그는 진정한 책장 종결자다. 그가 이름을 불러주어 꽃이 된 책들이 대체 몇 권일까 자못 궁금해진다.

제로 베이스

똑똑한 사람들이 설명을 할 때 흔히 저지르는 실수가 있다. 이런 건 알고 있겠지 하며 건너뛰는 것이다. 그래서 정작 흥미로운 내용은 놓치는 경우가 다반사다. 시한 책방 님은 그런 우를 범하지 않는다. 기본부터 살피며 차근차근 화제를 넓혀 나간다. 제로 베이스에서 시작하는 그런 방식은 가려운 곳을 긁어주듯 지적 호기심의 틈을 메운다. 그가 건넨 리뷰가 산뜻하게 느껴지는 건 바로 그런 이유에서다.

'필요 없음' 마법

사람들은 강요받는 걸 싫어한다. 책 읽기도 마찬가지다. 등을 떠밀리면 더 하기 싫어진다. 읽은 척 책방에서 그는 속삭인다. '제가 알려줄게요. 그러니 굳이 읽을 필요 없어요.'
그 말을 듣다 보면 문득 궁금해진다. 안 읽어도 된다고? 정말?
결코 의도한 게 아니겠지만, 이 시점에서 이미 시작되곤 한다.
읽을 필요 없다는데 굳이 보고 싶어지는 그런 마법 말이다.

느낌은 거짓말을 하지 않는다

이 프로젝트를 시작한 건 순전히 궁금함 때문이었다. 잠 못 드는 밤 친구가 되어 주고, 지적 목마름의 우물이 되어 주는 이들. 어느새 빠져드는 목소리로 수십만 구독자를 귀 기울이게 만드는 이 사람들의 실제 모습이 궁금했다.

북튜버란 직업은 목소리와 말 속에 많은 것을 담아내는 독특한 영역의 일이다. 그래서인지 한 사람의 내면이 고스란히 배어 나온다. 처음 한두 번은 차분함을 가장할 수도 있고, 우연히 건넨 한마디가 지혜로워 보일 수도 있다. 하지만 영상이 열 편이 되고, 스무 편이 되고, 자꾸만 그 수를 늘려나가면 자신의 깊이가 자연스레 드러난다. 듣는 사람들의 열린 귀를 도저히 속일 수가 없는 것이다.

이번 인터뷰를 진행하면서 소중한 만남을 여럿 가졌다. 친근함이 담뿍 담긴 도시의 진면목을 경험하기도 하고, 파도가 가까운 모래사장의 바닷내음을 만끽하기도 했다. 바쁜 시간을 쪼개어 나선 자리에서 그들은 서둘지 않았고, 쏟아지는 질문에 주저하지 않았으며, 속 깊은 대답을 아낌없이 들려주었다.

북튜버로 산다는 것, 사실 쉽지 않은 길이다. 이상과 현실의 경계를 드나들어야 하기 때문이다. 책이란 본디 누군가의 이상이 가득 담긴 공간이다. 안개 자욱한 그 곳에 조심스레 발을 디디고 등불을 비추며 한 걸음씩 앞으로 나아가는 것이 북튜버의 역할이다.

그들의 목소리를 들으며 우리가 깨달음과 위로를 얻는 것은 책에 대한 사랑만큼은 누구에게도 지지 않는 사유와 고민 끝에 완성한 한 편의 영상 덕분이다. 누에가 비단실을 자아내듯, 북튜버는 자신이 살아온 인생을 책과 엮어 오늘을 사는 우리 앞에 내어놓는다. 그들 덕분에 우리는 미처 가보지 못한 책 속을 항해하며 책장에 또 한 권의 책을 들여놓는다.

다정한 목소리로, 진솔한 외양으로 영상 속에서 존재감을 드러내는 그들과 직접 만나는 시간은 그래서 의미 있었다. 책의 가짓수만큼이나 그들은 다채로웠으며, 무엇보다 성실했다. 자신이 좋아하는 일로 대중의 사랑을 받는다는 것, 참 쉽지 않은 일이다. 그 길고 힘든 시간을 이겨내고 수많은 구독자의 지지를 얻은 그들의 실제 모습은 생각보다 소박했다. 그러면서도 눈부셨다.

책은 그 자체로는 아무런 힘도 지니지 못한다. 누군가가 읽어줄 때 비로소 생명을 얻게 된다. 매일 책 한 권에 숨결을 불어넣는 그들과 긴 이야기를 나눈 지금, 잔잔한 설렘이 앞선다. 그들은 자신이 선택한 한 권의 책과 무척 닮아 있었다. 영상 속 느낌과도 다르지 않았다. 느낌은 거짓말을 하지 않는다는 것, 그 사실을 확인할 수 있어서 몹시 기뻤다.